孙子兵法

[春秋]孙武·著

乙力·编译

陕西新华出版 三秦出版社

图书在版编目（CIP）数据

孙子兵法 /（春秋）孙武著；乙力编译． -- 西安：三秦出版社，2008.01（2024.1 重印）
（国学百部经典丛书）
ISBN 978-7-80736-323-1

Ⅰ．①孙… Ⅱ．①孙… ②乙… Ⅲ．①兵法－中国－春秋时代②孙子兵法－注释③孙子兵法－译文 Ⅳ．① E892.25

中国版本图书馆 CIP 数据核字（2007）第 188778 号

书　　名	孙子兵法
作　　者	［春秋］孙武 著　乙力 编译
责　　编	陈景群
封面设计	新华智品

出版发行	三秦出版社
社　　址	西安市雁塔区曲江新区登高路 1388 号
电　　话	（029）81205236
邮政编码	710061
印　　刷	北京一鑫印务有限责任公司
开　　本	680×1020　1/16
印　　张	9
字　　数	160 千字
版　　次	2008 年 4 月第 2 版
印　　次	2024 年 1 月第 2 次印刷
标准书号	ISBN 978-7-80736-323-1

定　　价	39.80 元
网　　址	http://www.sqcbs.cn

前　言

　　《孙子兵法》全书十三篇，计五千九百余字，是中国最古老也是最重要的一部兵法经典，历来被列为中国兵书之首，并在世界军事学术史上占有突出地位。

　　《孙子兵法》成书于中国春秋晚期，作者孙武，字长卿，春秋晚期齐国（今山东省惠民县）人。孙武是齐国田氏的后裔，后因避齐国内乱，移居南方的吴国。经伍子胥推荐，向吴王阖闾进呈兵法十三篇，深得吴王赞许，被任命为吴国大将，辅佐阖闾经国治军，多有建树。

　　《孙子兵法》篇幅虽不长，但是其所包含的军事思想却异常丰富和深刻。在战争观方面，孙子提出了"慎战""安国全军"等一系列基本原则。他重视民心背向，主张进行正义战争："兵者，国之大事，死生之地，存亡之道，不可不察也。"从而把对战争的认识提升到一个新的高度。在战略谋划方面，孙子强调"知彼知己"，主张系统全面考察战争的主客观因素及其相互关系，提出了"五事""七计"的著名理论。他重视军事实力的建设（"形"），并强调发挥战争指导者的主观能动性（"势"）。所有这些，都体现了朴素的辩证唯物论思想。同时，孙子还孜孜不倦地追求用兵的理想境界："不战而屈人之兵。"这一重要的"全胜"战略思想以及其主要手段"上兵伐谋，其次伐交"，对中国历代兵学思想发展的影响极其深远。

《孙子兵法》的作战指导思想是全书中最有特色的组成部分。在"兵者诡道"原则的指导下，孙子提出了一系列精辟、卓越的见解。例如主张争取主动权，"致人而不致于人"；强调集中兵力，速战速决；提倡正确选择作战方向，做到"避实而击虚"；主张"示形"动敌，"因敌制胜"。凡此种种，均突出地反映了孙子作战指导上的杰出智慧。他所提出的一些基本军事范畴，如"奇正""虚实""攻守""主客"等，都成为后世兵家构筑军事学说时的思想来源和理论指导。孙子的治军思想同样丰富精邃。他主张"令之以文，齐之以武"，反映了其文武并重、赏罚兼顾的治军原则。他重视将帅的培养和任用，重视对士卒的训练教育。所有这些都为后世的军队建设奠定了理论基础。

　　《孙子兵法》问世以来，一直受到历代军事家的高度评价，成为必读兵书的首选，被尊为"兵经"。《孙子兵法》的影响亦早已越出国界，被译成英、日、俄、法、德、意、捷、朝鲜、越南等十多种文字，在世界各地出版发行。

编　者
2008 年 1 月

目 录

一　始　计　篇……………………………… 1
　　齐魏马陵之战…………………………… 5
　　越国灭吴国之战………………………… 6
　　王翦益兵定楚地………………………… 10
二　作　战　篇……………………………… 11
　　晋楚城濮之战…………………………… 16
　　草船借箭………………………………… 20
三　谋　攻　篇……………………………… 21
　　审时度势　智挫晋谋…………………… 26
　　避其锐气　智挫水师…………………… 27
　　挟此余威　一书降燕…………………… 28
四　形　篇…………………………………… 30
　　秦赵邯郸之战…………………………… 34
　　以逸待劳　疲楚败楚…………………… 37
　　先备后战　力灭陈国…………………… 38
五　势　篇…………………………………… 40
　　官渡之战………………………………… 46
　　耿弇平定胶东…………………………… 50
六　虚　实　篇……………………………… 52
　　诸葛亮巧设空城计……………………… 60
　　徐敬业兵败高邮………………………… 61
七　军　争　篇……………………………… 62
　　魏吴东兴之战…………………………… 69
　　潼关之战………………………………… 70
　　避锐击惰胜敌军………………………… 72

八　九 变 篇 ……………………………………… 73
　　明送国宝　实取江山 ……………………… 77
　　周亚夫平七国之乱 ………………………… 78

九　行 军 篇 ……………………………………… 80
　　贪小利赵国失五城 ………………………… 89
　　善察敌情　取胜有望 ……………………… 90

十　地 形 篇 ……………………………………… 91
　　曹操奇袭塞北 ……………………………… 97
　　东晋灭南燕之战 …………………………… 98

十一　九 地 篇 …………………………………… 102
　　项羽解巨鹿之围 …………………………… 115
　　失街亭 ……………………………………… 117

十二　火 攻 篇 …………………………………… 118
　　赤壁之战 …………………………………… 122
　　曹彬火烧水寨灭南唐 ……………………… 124
　　关云长水淹七军 …………………………… 125

十三　用 间 篇 …………………………………… 127
　　石勒用间胜王浚 …………………………… 133
　　陈平施行反间计 …………………………… 136

一 始计篇

【提要】

　　《始计篇》是《孙子兵法》的第一篇，是总揽全书的纲。文章开篇首先讲述军事对于国家和人民根本利益的极端重要性，明确指出它是关系人民生死、国家存亡的头等大事。接着从整体、战略高度阐述君主（或统帅）用兵必须首先考察的五个基本的主客观条件，强调君主（或统帅）必须对上述五方面条件做深入的了解和衡量，才能赢得有利的客观形势，取得战争的胜利。最后，强调用兵之前在庙堂之上进行周密谋算（即从所述五方面进行衡量与谋划）的重要性，指出这是预计战争胜负的一个重要关键。

清版《孙子兵法》书影

【原文】

　　孙子曰：兵者[1]，国之大事，死生之地[2]，存亡之道[3]，不可不察也[4]。

【注释】

　　〔1〕兵：兵士、兵器、军队、军事、战争。这里指战争。
　　〔2〕地：土地、地方、地域、地形。这里取地域意，引申为领域。
　　〔3〕道：道理。这里指的根本道理。
　　〔4〕察：观察、考察、了解。这里指考察。

孙武　即孙子，字长卿，春秋末期著名军事家。齐国人。所著《十三篇》是我国最早的兵法，被誉为"兵学圣典"，置于《武经七书》之首。

【译文】

　　孙子说：战争是国家的大事，是关系人民生死的领域，也是关系国家存亡的根本之道，因而是不可不深入加以考察的。

【原文】

故经之以五事[1]，校之以计[2]，而索其情[3]：一曰道[4]，二曰天[5]，三曰地[6]，四曰将[7]，五曰法[8]。道者，令民与上同意也[9]，故可以与之死，可以与之生，而不畏危。天者，阴阳、寒暑、时制也[10]。地者，远近、险易、广狭、死生也。将者，智、信、仁、勇、严也。法者，曲制、官道、主用也[11]。凡此五者，将莫不闻[12]，知之者胜，不知者不胜[13]。故校之以计而索其情，曰：主孰有道？将孰有能？天地孰得？法令孰行？兵众孰强[14]？士卒孰练[15]？赏罚孰明？吾以此知胜负矣。

【注释】

〔1〕经：经度。引申为分析研究。

〔2〕校：作动词用，较量、比较、计较。

〔3〕索：探索。其：代词，这里指敌我双方。情：情况、实情。

〔4〕道：道理，道路。这里可引申为治国的路线或方针政策。

〔5〕天：天象、天气。这里是指天气。

〔6〕地：这里是指地形。

〔7〕将：将领。

〔8〕法：法令、法规、制度。

〔9〕令：作动词用，使令。上：上司、上级，这里是指君主。意：意志、意愿。

〔10〕阴阳：我国古代对概括宇宙万象万物内在基本矛盾的范畴。这里是从气象和天象上讲的，指天气晴雨、天象昼夜的变化。

〔11〕曲制：曲，古代军队编制较小的单位，曲制即指军队的编制。官道：官，指军队中的各级指挥员；官道即指对军队各级将领的职责划分和管理形式、管理制度。主用：主，主持，这里可解释为掌管。用，费用，这里指军队的物资费用。主用，就是指对军队后勤军需的管理。

〔12〕闻：听见、了解。

秦始皇陵兵马俑·将军俑　秦，1974年出土于陕西西安市临潼区秦始皇陵兵马俑坑一号坑。通高196厘米，现藏于秦始皇陵兵马俑博物馆。

〔13〕知：知道，这里指深入了解。
〔14〕强：强壮，这里指士兵体质强壮。
〔15〕练：训练。这里指军士训练有素。

【译文】

所以，军事家们首先必须从五件事来进行比较和谋算，以求得对敌我双方真实情况的了解。

一是道，二是天，三是地，四是将，五是法。所谓道，是指能使人民与君主同心同德的政治方针和政策，它能促使人民甘愿与君主同生共死而不害怕任何危难。所谓天，是指用兵时所处的时节和气候，是晴天还是雨天？是气候寒冷还是气候炎热？是春夏秋冬的哪个季节？所谓地，是指用兵时，距离敌人是远还是近？所处的地形是险峻，还是平坦？是宽阔地带，还是狭窄地带？是处于死地，还是处于生地？所谓将，是指统率军队的将领是否具备足智多谋、赏罚有信、仁爱部下、勇敢果断、治军严明的素质与能力。所谓法，是指军队的编制、法令、法规和对各级指挥官职责的划分和管理，以及后勤军需管理制度。所有以上五方面情况，作为军事将领，虽然一般都会有所了解，但只有那些深入了解这些情况的人才能取得战争的胜利；不能深入了解这些情况的人是不能取胜的。所以说，必须认真地对它加以比较、计议，才能求得对实情的深入了解，也就是说，要了解敌我双方，哪一方政治清明，政治方针政策正确？哪一方的将领有才能？哪一方占有天时与地利？哪一方军队编制合理，法令、法规畅通无阻？哪一方军队体质健强，士兵训练有素？哪一方军队管理得好，赏罚严明？我从这五方面加以比较、算计，便可以预知战争的结局是谁胜谁负了。

【原文】

将听吾计[1]，用之必胜，留之；将不听吾计，用之必败，去之。计利以听[2]，乃为之势[3]，以佐其外[4]。势者，因利而制权也[5]。兵者，诡道也[6]。故能而示之不能[7]，用而示之不用[8]，近而示之远，远而示之近；利而诱之，乱而取之，实而备之[9]，强而避之，怒而挠之[10]，卑而骄之[11]，佚而劳之[12]，亲而离之；攻其无备，出其不意。此兵家之胜[13]，不可先传也[14]。

一 始 计 篇

【注释】

〔1〕将：这里作时间副词，可解释为将要，亦可引申为如果。

〔2〕计：计较，这里可引申为衡量。计利，就是指权衡利益。听：听从。

〔3〕势：这里是指形势、情势。

〔4〕佐：辅佐，引申为有助于。其：指示代词，这里指实现战略或战役目标的计划。外：指外部环境或客观形势。

〔5〕权：这里与"经"相对，指权且，权宜，引申为灵活运用。

〔6〕诡：欺诈。道：这里作途径解，引申为方法、计谋。诡道，即指欺诈的方法和计谋。

〔7〕示：显示。这里是指伪装地显示。

〔8〕用：使用。这里是指用兵。

〔9〕实：充实、实力。这里是指敌人军力充实雄厚。备：准备。

〔10〕挠：挑逗。

〔11〕卑：卑下，这里是指卑视、轻视。

〔12〕佚：安逸。这里指部队获得了充分休整。

〔13〕胜：胜利。这里指取胜之道。

〔14〕传：传授。

【译文】

如果君主听从我的上述计谋，并用它去指导战争，就会取得胜利，在这种情况下，我便应当留下来帮助他；相反，如果不听从我的计谋，而用另外的计谋去指导战争，将会招致失败，这时，我便应该离开他。君主或统帅经过权衡利害，听从我的计谋，将会形成有利的客观形势，这是有助于实现战略目标的外部条件。当然，有利的客观形势也是人们从有利的原则出发，根据实际情况，采取机动灵活的举措造成的。须知用兵是一种诡诈之道，需要运用种种欺骗敌人的方法：自己本来力量很强，却要向敌人伪装出似乎没有什么力量；本来准备用兵，却要伪装怯懦不敢用兵；本来已经接近敌方了，却要伪装距离敌方还很远；本来距离敌方还远，却要伪装出已经靠近敌人了。要用小的利饵引诱敌人，乘敌方混乱之时进行攻取。对实力雄厚的敌人要有充分的应战准备；对战斗力强的敌人要暂时避开他们的锋芒；对于容易冲动发怒的敌军将领，要设法挑逗他、激怒他，使其失去理智；对于轻视我方的敌人，要设法使他更加骄傲起来，丧失对我方的警惕；对于有充分休整、精力充沛的敌人，要设法搞得他们劳累疲惫；对于内部团结的敌人，要设法离间他们、分裂他们；要在敌人没有准备时，突然发起攻击，使我方的进攻在敌方意料之外。凡此种种，都是军事家们用兵取胜之道，这些都只能因时因地因人灵活运用，是不能事先呆板规定的。

【原文】

夫未战而庙算胜者[1]，得算多也；未战而庙算不胜者，得算少也。多算胜，少算不胜，而况于无算乎！吾以此观之，胜负见矣。

【注释】

[1] 庙：庙堂。庙算，指庙堂上的计算与谋划。

【译文】

用兵打仗之前，君主或统帅都要在庙堂之上进行策划谋算，谋算得多，非常周密，胜过了敌方，在战争中取胜的机会就会多一些；相反，谋算很少，很不周密，不能胜过敌方，取胜的可能性也就会很小，更不用说那些根本不进行谋算的了。我从战争双方事前谋算的比较中，便可以预知战争的结局将会是谁胜谁负哩。

【战例】

齐魏马陵之战

公元前340年（周显王二十九年），魏国与赵国联合出兵，任命魏国大将庞涓为帅进攻韩国。齐国响应韩国求助，派大将田忌领兵迎敌，直奔魏国都城大梁。齐国这样做的用意是把魏赵军队引到凶险地点，然后一举歼灭。魏将庞涓听到都城情况有变，果然急忙调兵返回。齐国军师孙膑曾与庞涓都是鬼谷子的学生，跟从他学习兵法，后庞涓任魏国大将，因嫉妒孙膑的才能，陷害孙膑让他被处以膑刑。后孙膑被齐国使者淳于髡秘密救回，被齐威王任命为军师。由于孙膑对庞涓的为人与用兵比较了解，知道庞涓一向骄傲轻敌、急于求胜，《孙子兵法》上说："到百里之外去争权夺利就会毙损将帅，而到五十里之外去争权夺利则兵士就会损伤至半。"于是，便让齐军在入魏国时建十万锅灶，接着在第二天把锅灶减为五万，第三天减为三万。庞涓看到齐军这样的情形，心中大喜，说："我早就知道齐军胆怯了，来到我方国土刚刚三天，士兵就已经逃亡过半了。"于是，根据他自己的主观判断，庞涓便轻率地

摒弃步兵，率领精锐骑兵挑近路追赶齐军。当然，庞涓的所作所为早在孙膑的意料与算计之中，他让齐军在马陵设好埋伏，等着庞涓前来送死。

马陵是一处地形险阻、易于设伏的军事重地，是魏兵必经之地。兵马一旦在此中伏，难逃一死。因此，选好了时间和地点，有了精密的部署，孙膑就已经预见到了这场战争的结果。他让士兵劈开一棵大树，露出树白，在上面写下"庞涓死此树下"几个大字。

庞涓按预料中来到树下，借着火光看见树上的字。这时，齐军伏兵万箭齐发，魏军大乱，士兵纷纷落马。庞涓自感才竭智穷，兵败名裂，于是一声长叹，拔剑自刎。

在这场战争中，由于孙膑预先的精心计划和周密部署，齐军完全获得了战场的主动权，从而在预定的地点和时间取得了绝对的胜利。

越国灭吴国之战

春秋时期，吴、越两国为争夺霸权，在公元前506年至公元前473年的三十多年间发生过多次战争。在公元前494年的一次战争中，越国在会稽受挫，力量大大削弱，几乎遭受了灭国之灾。

越王勾践在受挫后，一面卑身事吴，一面反省思过，制定了休养生息、抚慰人民的一系列政策，取得了民众的支持。勾践经过"卧薪尝胆""十年生聚""十年教训"，最后复仇灭吴。越灭吴之战是我国古代史上弱国打败强国的一个范例，从许多方面印证了《孙子兵法·始计篇》的合理性与正确性。

吴国和越国是春秋后期在长江下游崛起的两个国家。在此之前，他们在很长一段时间里共同依附楚国，是楚国的盟国。春秋中期，吴国通过兼并战争取得了大量土地，疆域不断扩大，实力不断增强，在大国争霸的局势中逐渐崭露头角并开始叛楚攻楚，以求中原争霸。这时弱小的越国，在吴楚战事频繁时常常策应楚国、牵制吴国，成为吴国心腹之患。吴国为了在中原争霸中除掉后患，在柏举之战击败了楚国之后，开始发动吴越之间的战争。公元前497年，越王允常去世，其子勾践继位。吴王阖闾乘越国允常之丧，率军攻越。吴越二军在槜李（今浙江嘉兴西南）对阵时，越军两次用死士攻击吴军严整的阵势，均未能奏效。最后越王勾践驱使犯了死罪的囚徒，列为三行一起在吴军阵前自杀，使吴军军心涣散。越军乘其不意，突然发起攻击，大败吴军，阖闾受伤而死。

吴王阖闾死后，其子夫差即位。夫差按照其父"必毋忘越"的遗嘱，在伍子胥、伯嚭的辅助下，日夜加紧练兵，准备出兵攻越。越王勾践于即位的第三年（公元前494年）春得到夫差准备攻越的消息后，在准备还不充分，兵力还不够充足的情况下，决定先发制人，出兵攻打吴国。吴王夫差派出精兵，迎战越军于夫椒（今江苏苏州西南）。由于吴军实力较强，越军战败。越军损失巨大，最后只剩下五千人，退守会稽山（今浙江绍兴东南）。吴军乘胜追击，把会稽包围得水泄不通。在这危急存亡关头，勾践采纳了范蠡的建议，决定以屈求生。勾践一面准备死战，一面派文种去向吴王夫差求和，以美女、财宝疏通吴国太宰伯嚭，要他劝说夫差允许越国作为吴的属国存在下来，那时，勾践愿做吴王的臣仆，忠心侍奉吴王；不然，勾践将"尽杀其妻子，燔（烧）其宝器，悉五千人触战"。在伯嚭的劝说下，吴王夫差准许议和，吴军撤军回国。

越国战败后，越王勾践将治理国家的大权交给文种，自己和范蠡一道去吴国给夫差当奴仆，越国的王后也做了吴王夫差的女奴。勾践为吴王驾车养马，他的夫人为吴国打扫宫室。他们住在囚室，秽衣恶食，极尽屈辱而从不反抗。由于勾践能卑事吴王，同时又贿赂伯嚭，最后，勾践终于取得了吴王的信任，三年后被释放回国。

越王勾践回国后，首先下了一道"罪己诏"，检讨自己与吴国结仇，使很多百姓在战场上送命的失误。他还亲自去慰问受伤的平民，抚养阵亡者的遗孤。他在坐卧的地方悬挂了苦胆，吃饭的时候也要先尝尝苦胆的滋味。他"身自耕作，夫人自织，食不加肉，衣不重采"。勾践还针对越国战败，人口减少，财力耗尽的情况，制定了休养生息的政策以恢复国家的元气。他明确规定：妇女怀孕临产时，要报告官府，由官府派医生去看护；生男孩奖给二壶酒和一条狗；生女孩奖给二壶酒和一只小猪。生三胞胎的由官府出钱请乳母，生双胞胎由官府补贴粮食。凡死了嫡子的人家，免除三年劳役；死了庶子的，免除三个月劳役。由于改革内政，减轻刑罚、赋税，提倡百姓开荒种地，越国在十年中没有向人民征收赋税，百姓每家都有三年的粮食储备。由于勾践实行了一系列"去民之所恶，补民之不足"的政策，越国百姓亲近他的感情，如对父母一般。

勾践在改革内政的同时，还开展卓有成效的外交战。对吴国，他继续实行以退为进的战略，麻痹腐蚀夫差。经常送给夫差优厚的礼物，表示忠心臣服，以消除他对越国的戒备，助其骄气；同时又破坏吴国经济，用高价收买吴国的粮食，造成吴国粮食短缺；他用离间之计使夫差对伯嚭偏听偏信，对伍子胥更加疏远，挑起其内部争斗。这些措施的实施，壮大了自己，削弱了敌人，为伺机灭吴奠定了基础。

吴王夫差战胜越国后，领土得到扩展，势力日益强大，夫差也因胜而骄，过高地估计了自己的力量，看不到勾践决定灭吴的意图。公元前484年，夫差闻齐景公已死，便决定出兵北上伐齐。吴军击败齐军于艾陵。公元前482年，夫差又约晋定公和各国诸侯七月七日到黄池（今河南封丘西南）会盟。夫差为了炫耀武力，圆他称霸中原之梦，带去了吴国三万精锐部队，只留下一些老弱的军士同太子一起留守国内。夫差的空国远征，给了越国可乘之隙。越王勾践在吴军刚离国北上时，就想出兵攻吴。范蠡认为时机未到，他分析说："吴王北会诸侯于黄池，精兵从王，国中空虚，老弱在后，太子留守，兵始出境未远，闻越击其空虚，兵还不难也。"他劝勾践暂缓出兵。数月之后，范蠡估计吴军已到黄池，便同意勾践出兵。勾践调集越军四万九千人，兵分两路，一路由范蠡、后庸率领，由海道入淮河，切断北去吴军的归路；一路由大夫畴无余、欧阳为先锋、勾践亲率主力继后，从吴国南面边境入吴直逼姑苏。

吴太子友得知越军趁虚出击吴国，急忙率兵到泓上（今江苏苏州近郊）阻止越军的进攻。太子友根据国内精锐部队全部北上黄池的现实，决定采取不与越军交战，坚守待援的策略，同时派人请夫差尽快回军。然而，当越军与先锋军到达时，吴将王孙弥庸一眼望见了被越军俘获的他父亲的"姑蔑旗"在空中招展，不由得怒火中烧，也就顾不得太子友坚守疲敌的主张了。他率领他的部属五千人出击，打败了越军的先锋部队，俘虏了越大夫畴无余、欧阳。首战小胜，使吴将更加骄傲轻敌。不久，勾践的主力到达，向吴军发起了猛攻。越军一举击败吴军，俘虏了太子友，进入吴国国都姑苏。越军缴获了大批物资，取得了这场袭击战的胜利。

夫差在黄池正与晋定公争做霸主，听说越军攻下姑苏，太子被俘，恐怕影响霸业，就一连杀掉七个来报告情况的人，封锁这一不利消息，并用武力威胁晋国让步，勉强做了霸主。随后夫差就急忙回军。在回国的途中，吴军连连听到太子被杀、国都被围等一系列失利的消息，军士完全丧失了斗志。夫差感到现在回国立即反击越国没有必胜的把握，就在途中派伯嚭向越国求和。勾践和范蠡估计自己的力量还不能马上把吴国消灭，于是同意议和，撤兵回国了。

夫差回到吴国，本想马上报复越国，但是吴国由于连年战争，生产遭到破坏，经济消耗很大，国内又闹灾荒，因此，他感到一时还没有实力对越实施报复。于是他宣布"息民散兵"，企图恢复力量，待机再举。

文种见吴国开始致力于增强国内经济实力，便觉得越国应抓住有利时机及时完成灭吴大业，如果等到吴国经济实力得到恢复，那么战胜吴国将更加困难。于是文种向勾践建议，应抓紧目前吴军疲惫，国内防务松弛的机会再次攻吴。勾践采纳了他的建议，于公元前478年乘吴国大旱，仓储空虚之时，准备大举攻吴。

战前，勾践征求并采纳了群臣关于明赏罚、备战具、严军纪、练士卒等建议，做了充分的临战准备。为了争取人民的支持，他以"为国复仇"为号，鼓励出征者奋力作战，留乡者专心生产，并规定独子及体弱有病者免服兵役，兄弟二人以上的留一人在家奉养父母。出师攻吴时，又宣布吴王夫差的罪状，号召吴国人民反对夫差。

这年三月，越军进军到笠泽（苏州南面，与吴淞江平行的一条江）。吴国也发兵迎击，两军夹江对峙。越国把军队分为左右两翼，勾践亲率六千精兵为中军。黄昏时，勾践命左右二军分别隐蔽在江中；半夜时，二军鸣鼓呐喊，进行佯攻。夫差误以为越军两路渡江进攻。连夜分兵两翼迎战。勾践率主力偃旗息鼓，潜行渡江，出其不意地从吴军的两路中间的薄弱部位展开进攻。吴军大败。越军乘胜猛追，再战于没（今苏州南），三战于郊（今苏州郊区）。越军三战三捷，占领了所到之地，使吴国军事力量土崩瓦解，改变了吴强越弱的形势。

吴军笠泽战败后，退而固守姑苏。姑苏城坚，越军一时未能攻下。勾践采取长期围困的战略，使吴军在两年后终于势穷力竭。这时，越军再次发起强攻，打进姑苏城。夫差率残部逃到姑苏台上，又被越军包围。他派人向勾践求和，但越国君臣灭吴之心已定。夫差在无望之中自杀而死。越国终于取得了吴、越之战的最后胜利。

越国作为一个较弱小的国家，能战胜实力强大的吴国，首先，一个重要原因是越国能从失败中吸取教训，改革政治，争取了民众的支持。勾践在会稽战败后，制定了一系列改革措施，"去民之所恶，补民之不足"，同时，勾践以"复仇雪耻"为号召，激发民众积极参与灭吴战争，这正顺应了越国人民要求摆脱处于吴国臣属地位的愿望，因而获得了越国人民的支持。

其次，战略上，面对强敌，越国能够避其锋芒，制定以退为进、休养生息的政策，以保存自己的实力，增强国力，为最终战胜强敌做好充分的准备；同时，针对吴国君臣的弱点，采取"利而诱之""强而避之""亲而离之"等策略，使吴王夫差妄自尊大，放松警惕，穷兵黩武，削弱了自己的实力。最后，越国在袭击吴国条件成熟时，采取了乘虚捣袭的作战方针，出其不意、攻其不备，给吴军以致命的打击，最终战胜了吴军，取得了灭吴之战的胜利。

从越国最终战胜、消灭吴国的全过程中可见，越国用以战胜敌国的许多策略都与《孙子兵法·始计篇》所述的思想相符合，因此，我们说越灭吴之战，正是《孙子兵法·始计篇》军事思想合理性与正确性的极好佐证。

王翦益兵定楚地

虎节　战国后期，长15.9厘米，宽10.7厘米，重0.47千克。释文：王命，命傅任。

韩、赵、魏三国灭亡，燕王战败逃亡，秦国又连续打败楚国，秦将李信，年轻勇猛，曾经仅仅带了几千人就把太子丹追赶到衍水，打败了燕国并活捉太子丹。他认为只要二十万人就可以灭亡楚国，而当时的大将王翦认为需要六十万人。秦始皇于是看轻王翦，派李信带领二十万人攻楚。王翦辞官回到频阳养老。

李信攻平与，蒙恬攻寝丘。大破楚军。李信又攻陷鄢、郢，于是领兵向西，计划与蒙恬会师于城父。楚军趁机尾随着秦军，紧跟了三天三夜，最后大破李信的军队，攻入两个壁垒，杀了七个都尉，秦兵大败。

秦始皇马上骑马到频阳去拜访王翦，向他赔罪，请他为国效力。王翦推托不成，于是领兵六十万出发，始皇亲自送到灞上。王翦临行前请求赐给他极多的良田屋宅园池，托辞说想趁大王现在信任他的时候，及时求赐园地以作为子孙的产业。始皇大笑。王翦的军队到了关口后，又曾五度派使者回朝廷请求赐给良田。有人认为他这样做不适当。王翦说："不是的，秦王待人粗暴又不信任，如今倾尽全国武装士兵，全数交付我，我不多请田宅作为子孙基业稳固自家，秦王肯定不放心。"

王翦大军到达后，坚筑壁垒防守，不肯出战。楚兵屡次出来挑战，秦兵始终不出。王翦天天要士兵休息沐浴，并改善伙食以抚慰军队，并与士兵们一同饮食。一段时日后，王翦派人探听军中玩什么游戏。底下回答说："正在玩投掷石块与跳远的比赛。"王翦认为到了出战的时候了。

楚军数次挑战而秦兵却不应战，于是楚将领兵向东撤退，王翦趁机派军队追击，追至蕲南，斩杀楚国的将领项燕，楚兵大败而逃，秦军乘胜平定了楚地城邑。一年以后，楚王被俘，楚地成为秦的郡县。后来，王翦的儿子王贲与李信灭了燕国和齐国。

二 作战篇

【提要】

本篇是继《始计篇》计"五事",特别是从"道"的战略高度揭示最终决定战争胜负的基础条件后,进而从用兵对国家经济实力的依赖关系阐明只宜"速",不宜"久"的重要原则。

文章首先指出用兵打仗需要消耗大量人力、物力、财力,因而在用兵前必须从军队(数量)、武器、车马、粮食、资财等方面做充分准备,不可以轻易用兵。其次指出用兵出征既有能拓展疆土或保卫领土的有利一面,又有丁壮伤亡、财力消耗的有害一面,故而用兵的重要原则之一便是只宜速战,不可旷日持久,即便是机谋稍差,也应速战速决。接着指出凡是善于用兵的人总是注意两点:一是从战略上讲,不使用兵时间持续很长,以免造成国家财力枯竭,民不聊生。二是从策略上讲,重视从敌国补充粮食供给,以大大节省本国经济实力的消耗。进而提出,不仅要重视从敌国补充粮草,还要重视从敌军中补充武器和兵员。最后得出结论:"兵贵胜,不贵久"。

【原文】

孙子曰:凡用兵之法,驰车千驷[1],革车千乘[2],带甲十万[3],千里馈粮[4],则内外之费[5],宾客之用[6],胶漆之材[7],车甲之奉[8],日费千金[9],然后十万之师举矣[10]。

【注释】

〔1〕驰车:我国古代作战用的一种大型战车,因驰骋轻快,又叫攻车或轻车。千驷:我国古代战车,每辆均用4匹驾马,故曰驷,也就是乘。千驷既可以指战车千乘,也可以泛指战车众多。

〔2〕革车:我国古代作战用的一种装载各种军需品的辎重车。由于它是用皮革缦其轮,笼其壳,所以叫作革车,也可以叫作守车。

秦始皇陵兵马俑·铜车马 秦,通长225厘米,通高152厘米,重1061千克。为兵车,是皇帝出行时车马仪仗队中负责警卫的车。

〔3〕带甲：甲，这里是指戎衣。古代的戎衣多用皮革或金属物质做成，所以叫作"甲"或"甲胄"。带甲，就是穿着戎衣。十万：这里泛指军队数量众多。

〔4〕千里：这里泛指路程遥远。馈：赠送。馈粮，即运送粮食。

〔5〕内外之费：国内国外的各种费用。

〔6〕宾客之用：招待来宾、使节的费用。

〔7〕胶漆之材：修饰器械的材料。

〔8〕车甲之奉：奉，这里指供应。车甲之奉，即指对车辆、甲胄的供应。

〔9〕千金：这里泛指费用浩大。

〔10〕十万之师举矣：十万，这里泛指军队数量众多。举，出动、发动。

【译文】

孙子说：大凡用兵作战的一般规律是，动用轻车千辆，辎重车千辆，征召将士十万，同时还要千里远道运送粮草，至于付出国内国外的费用，诸如招待来宾使节，补充修饰器械的胶漆之材，供给各种车辆和盔甲等，每天有能力付出千金之巨的耗费，然后，十万大军方可起动。

【原文】

其用战也贵胜[1]，久则钝兵挫锐[2]。攻城则力屈[3]，久暴师则国用不足[4]。夫钝兵挫锐，屈力殚货[5]，则诸侯乘其弊而起[6]，虽有智者[7]，不能善其后矣[8]。

【注释】

〔1〕其用战也贵胜：其，代词，指十万之师。用战，用以作战。贵胜，这里是指贵在速胜。

〔2〕钝兵挫锐：钝，这里为"弊"。锐，锋锐。这里指的是士气旺盛。钝兵挫锐：就是指兵疲气沮。

〔3〕力屈：屈，弯曲，引申为"竭尽"。力屈，就是指人力消耗殆尽。

〔4〕暴师：暴，暴露。暴师，指在外用兵。

〔5〕殚货：殚，竭尽。货，财货。殚货，指财力枯竭。

〔6〕诸侯乘其弊：诸侯，这里泛指各诸侯国。弊，弊端、弊病、弱点。乘其弊，指乘兵疲气沮、财力枯竭的弱点。

〔7〕智者：智能高超足智多谋的人。

〔8〕善其后：处理好用兵以后的事。

【译文】

以十万大军出征作战,贵在速胜,战争旷日持久,就会导致士卒疲惫,锐气受挫。攻打城池要耗尽兵力,军队长期在外作战会使得国家财力难以为继。士卒疲惫,锐气挫伤,兵力耗尽,财力枯竭,就会招致其他诸侯国乘机入侵,到那时,即使有足智多谋的人,也不能处理好用兵以后的事了。

【原文】

故兵闻拙速[1],未睹巧之久也[2]。夫兵久而国利者,未之有也。故不尽知用兵之害者,则不能尽知用兵之利也。

【注释】

〔1〕拙速:拙,笨拙。速,迅速。拙速,指笨拙的速度。
〔2〕巧之久:巧,灵巧、技巧。巧之久,指因用计灵巧而能使用兵持久。

【译文】

所以,在用兵上,只听说有指挥拙笨但却要求战争速决的,从未见有指挥灵巧而要求战事旷日持久的。因为长久地对外用兵而能对国家有利的事从来没有过。所以说,不完全了解用兵之害的人,也就不可能完全了解用兵之利。

【原文】

善用兵者,役不再籍[1],粮不三载[2],取用于国[3],因粮于敌[4],故军食可足也。

【注释】

〔1〕役不再籍:役,这里指服兵役。籍,登记在册。役不再籍,指不再次登记服兵役。
〔2〕粮不三载:粮,这里作动词用,意为征收粮秣。粮不三载,指征收粮秣不超过三次。
〔3〕取用于国:用,指军用物资。国,指国内。取用于国,指从国内取得兵甲、战具等军用物资。
〔4〕因粮于敌:因,因依,依托。敌,敌国。因粮于敌,指依托从敌国取得粮食供应。

【译文】

善于用兵的人,他们不再次征兵,也不多次从国内征收军粮。在战争中,他们只从本国取用军用物资,而依靠从敌国筹集粮食,这样,军队的粮食才会够用。

【原文】

国之贫于师者远输[1],远输则百姓贫。近于师者贵卖[2],贵卖则公家财竭,财竭则急于丘役[3]。力屈、财殚,中原内虚于家[4]。百姓之费,十去其七;公家之费,破车、罢马[5],甲胄[6]、矢弩、戟楯、蔽橹[7],丘牛[8]、大车,十去其六。

错金双翼铜神兽　出土于灵寿城与中山国王陵。此件以蜥蜴为原形加以变形,头部像龙,做回首状,前肢处各附一翼,并有错金纹饰,造型生动。

【注释】

[1] 贫于师者远输:远输,远道运输。此句指的是由于远道运输而导致国家贫困。

[2] 贵卖:卖,买卖。贵卖,指物价腾贵。

[3] 丘役:丘,丘赋,中国古代按田亩征收的军赋,役,兵役、劳役。

[4] 中原内虚于家:中原,这里泛指国内。内虚,内部空虚。家,家庭。中原内虚于家,指国内十室九空。

[5] 破车、罢马:破车,指兵车破损。罢,通"疲";罢马,指马匹疲惫、羸弱。

[6] 甲胄:甲,这里指古代士兵身穿的盔甲;胄,指古代士兵头带的一种用金属物质制成的军帽。

[7] 戟楯、蔽橹:戟,古代的一种兵器,单枝为戈,双枝为戟。楯,盾牌,古代战车上用以防御兵刃和矢石。蔽,这里是指古代战车上用遮蔽风雨的车蔽。橹,古代作战用一种大盾。

[8] 丘牛:大牛。

【译文】

出师需要远道运输,远道运输因消耗人力、财力太多就会造成国家贫困。在靠近大军集结的地方,必定会物价上涨,物价贵就会造成国家财力枯竭,国家财力枯竭便要加紧向百姓征收赋役。这样,人力耗尽,财力枯竭,就会使国内十室九空。对百姓来说,他们的负担,将要耗去其全部收入的十分之七；对公家来说，它的消耗，诸如车辆的损坏，马匹的疲惫，盔甲、箭弩、戟盾、大橹的补充，以及大牛大车的征调，也要耗去国家财力的十分之六。

【原文】

故智将务食于敌[1]。食敌一钟[2]，当吾二十钟；莣秆一石[3]，当吾二十石。

【注释】

〔1〕智将：聪明的将领。
〔2〕一钟：我国古代的一种量器，一钟等于六十四斗。
〔3〕莣秆："莣"读作"其"，莣秆即是豆秸。一石：我国量名，一石等于十斗。

【译文】

所以，聪明的将帅总是务求在敌国境内筹集粮草。因为消耗敌国一钟粮食，相当于从本国运送二十钟粮食；消耗敌国一石草料，相当于从本国运送二十石草料。

【原文】

故杀敌者，怒也[1]；取敌之利者，货也。故车战，得车十乘已上[2]，赏其先得者[3]，而更其旌旗[4]，车杂而乘之[5]，卒善而养之[6]，是谓胜敌而益强[7]。

【注释】

〔1〕怒也：这里的怒是指的怒气，愤怒的情绪。
〔2〕已上：已，同"以"，已上即是"以上"。
〔3〕赏其先得者：赏，奖赏、赏赐；先得者，指首先夺得战车的人。
〔4〕更其旌旗：更换战车上敌军的旗帜。
〔5〕车杂而乘之：派出自己的战士夹杂着乘坐。
〔6〕卒善而养之：对被俘的敌军士兵给以抚养。
〔7〕胜敌而益强：既战胜了敌人又壮大了自己。

【译文】

要使将士们英勇杀敌，便要激发他们同仇敌忾的士气；要使士卒勇于夺取敌军的物资，便需借助于物质奖励。在车战中，凡夺得敌方战车十辆以上的，应奖赏首先夺取战车的人，并且更换战车上的旗帜，混合编入本军战车的行列。同时还要善待俘虏，保证他们的生活供给。这样做，才能既战胜敌人，又增强自己军队的战斗力。

【原文】

故兵贵胜，不贵久。故知兵之将[1]，生民之司命[2]，国家安危之主也[3]。

【注释】

〔1〕知兵：懂得用兵。
〔2〕司命：掌握命运。
〔3〕主：这指的是"主宰"。

【译文】

所以，用兵作战贵在速战速决，而不可旷日持久。所以懂得用兵的将领，是民众命运的掌握者，也是国家安危的主宰者。

【战例】

晋楚城濮之战

公元前623年的晋楚城濮之战，是春秋时期晋、楚两个诸侯国争霸中原的一次战争。在这场战争之初，楚国的实力强于晋国，而且楚国有许多盟国，声势浩大。城濮之战以楚国出兵攻宋，宋成公派人来晋求救为引子展开。但宋国并不靠近晋国，远道救宋，必须经过楚国的盟国曹、卫，形势于晋不利。可是，晋军制定了正确的战略战术，运用谋略争取了齐、秦两个大国的援助，取得了"伐交""伐谋"方面的优势，最终击败了楚军，争得了中原霸主的地位。城濮之战中晋军的胜利，是《孙子兵法·谋攻篇》中"战胜策"的印证，晋军的取胜，不是胜在实力，而是胜在谋略。

春秋时期，地处江汉之间的楚国日益强盛，它控制了西南和东面的许多小国和部落。在楚文王时期，楚国开始北上向黄河流域发展，攻占了申（今河南南阳北）、息（今河南息县西南）、邓（今河南漯河市东南）等地，并使蔡国屈服。楚成王时期，齐国崛起，齐桓公称霸中原，楚国难以再向北扩张。

齐桓公死后，齐国内乱，霸业衰落，这时楚国乘势向黄河流域扩展，控制了鲁、宋、郑、陈、蔡、许、曹、卫等小国。公元前638年，楚军在泓水之战中打败了宋襄公，开始向中原发展，期望成就霸业。

正当楚国图谋中原称霸之时，在今山西西南的晋国也逐渐强盛起来。公元前636年，流亡在外十九年的晋太子重耳在秦国的帮助下回国即位，称晋文公。晋文公即位后，实施一些改革措施和外交活动，逐步具备了争夺中原霸权的强大实力。

早在晋文公即位的那年，周襄王遭到他兄弟叔带勾结狄人的攻击，王位被夺，文公及时抓住了这个尊王的好机会，平定了周室的内乱，护送周襄王回到洛邑。襄王以文公勤王有功，便赐以阳樊、温（今河南温县西）、原（今河南济源西北）等地。晋文公遂命赵衰为原大夫，狐溱为温大夫，经营这一对争霸中原有战略意义的地区。由于晋文公抓住了"尊王"这块招牌，在诸侯中的地位大为提高。晋国势力的迅速发展，引起了楚国的不安。楚国急于阻止晋国的进一步向南发展，而晋国要想夺取中原霸权，就非同楚国较量不可。因此，晋、楚之间的矛盾日益尖锐起来。

公元前643年，鲁国因和莒、卫两国结盟，几次遭到齐国的进攻，便向楚国请求援助。而宋国因在泓水之战中被楚国击败，襄公受伤而死，不甘心对楚国屈服，看到晋文公即位后晋实力日增，也就转而投靠晋国。楚国为了保持其中原的优势地位，便出兵攻打齐、宋，并借以制止晋国的向南扩展。晋国也正好利用这一机会，以救宋为名，出兵中原。这样，晋楚两国的军事交锋便不可避免地发生了。

公元前633年冬，楚成王率领楚、郑、陈、蔡等多国军队进攻宋国，围困宋都商丘，宋国的司马公孙固到晋国告急求援。于是文公和群臣商量是否出兵及如何救宋。大夫先轸力劝晋文公出兵救宋，他认为，救宋既能够"取威定霸"，又报答了以前晋文公流亡到宋国时，宋君赠送车马的恩惠。但是宋国不靠近晋国，劳师远征救宋，必须经过楚国的盟国曹、卫；而且楚军实力强大，正面交锋也恐怕难以取胜。晋国的狐偃针对这一情况，建议晋文公先攻曹、卫两国，那时楚国必定移兵相救，那样，宋国的危险便可解除。晋文公采纳了这一建议。尽管如此，晋国感到真正的敌人是楚，要对付如此强大的敌人，必须进行较充分的准备。晋国按照大国的标准，扩充了军队，任命一批比较优秀的贵族官吏出任军队的将领。

经过一段时间的准备，晋文公于公元前632年一月，将军队集中在晋国和卫国的边境上，借口当年曹共公侮辱过他，要求假道卫国进攻曹国，遭到卫国拒绝。晋文公迅速把军队调回，绕道从今河南汲县南黄河渡口渡河，出其不意地直捣卫境，先后攻占了五鹿及卫都楚丘，占领了整个卫地。晋军接着又向曹国发起了攻击，三月间，攻克了曹国都城陶丘（今山东定陶），俘虏了曹国国君曹共公。

晋军攻占了曹、卫两国，但楚军却依然用全力围攻宋都商丘，宋国又派门尹般向晋告急求救。晋文公开始感到左右为难了。不出兵救宋吧，宋国国力不支，一定会降楚绝晋；出兵吧，自己兵力单薄，没有必胜的把握，何况直接与楚发生冲突，会背忘恩负义之名（文公当初流亡路过楚国时，楚成王招待他非常周到，不仅留他住了几个月，最后还派人护送他到秦国）。这时，先轸分析了楚与秦、齐两国的矛盾，建议让宋国表面上同晋国疏远，然后由宋国出面，送一份厚礼给齐、秦两国，由他们去请求楚国撤兵，晋国则把曹共公扣押起来，把曹、卫的土地赠送给宋国一部分。楚国同曹、卫本是结盟的，看到曹、卫的土地为宋所占，必定会拒绝齐、秦的劝解。这样楚国就将触怒齐、秦，他们就会站在晋国一边，出兵与楚作战。晋文公对此计十分赞赏，且马上施行。楚国果然上当中计，拒绝了秦、齐的调停。而齐、秦见楚国不听劝解，大为恼怒，便出兵助晋。齐、秦的加盟，使晋、楚双方的力量对比发生了根本性的变化。

楚成王看到齐、秦与晋联合，形势不利，就令楚军从前线撤退到楚地申，以防秦军出武关袭击它的后方。同时命令戍守谷邑的大夫申叔迅速撤离齐国，命令尹子玉将楚军主力撤出宋国。子玉对楚成王回避晋军很不满意，他对成王说："你过去对晋侯那么好，他明明知道曹、卫是楚的盟国，与楚的关系密切，而故意去攻打它，这是看不起你。"楚成王说："晋侯在外流亡了十九年，遇到很多困难，而最后终于能够回国取得君位。他尝尽艰难，充分了解民情，这是上帝给他的机会，我们是打不赢他的。"但是子玉却骄傲自负，听不进楚成王的劝告，仍要求楚王允许他与晋军决战，并请求增加兵力。楚成王勉强同意了他的请求，但不肯给他多增加兵力，只派了少量兵力去增援他。于是，子玉以元帅身份向陈、蔡、许、郑四路诸侯发出命令，相约共同起兵。他的儿子也带了六百家兵相随。子玉自率中军，以陈、蔡二路兵将为右军，许、郑二路兵将为左军风驰雨骤，直向晋军扑去。

子玉逼近晋军后，为了寻求决战的借口，派使者宛春故意向晋军提出了一个"休战"的条件：晋军必须撤出曹、卫，让曹、卫复国，

番君鬲　春秋前期，长11.8厘米，宽16厘米，重1.46千克。铸有铭文：唯番君酓伯自作寳鼎，萬年無疆，子孫永用。

楚军则解除对宋都的围困，从宋国撤军。中军元帅先轸提出一个将计就计的对策，以曹、卫与楚国绝交为前提，私下答应让曹、卫复国；同时，扣押楚国的使者，以激怒子玉来战。晋文公采纳他的计策。子玉得知曹、卫叛己，使者又被扣，便恼羞成怒，倚仗着楚国的优势兵力，贸然带兵扑向晋军，寻求决战。

晋文公见楚军来势凶猛，就命令晋军后撤，以避开它的锋芒。有些将领不理解文公的意图，问文公："没有交手，为什么就后退呢？"文公说："我以前在楚的时候曾对楚王说过，如果晋楚万一发生了战争，我一定退避三舍。我是遵守诺言的。"实际上，晋军"避退三舍"（九十里）后，退到了卫国的城濮，这里距离晋国比较近，后勤补给、供应方便，又便于齐、秦、宋各国军队会合；在客观上"避退三舍"也能起到麻痹楚军、争取舆论同情、诱敌深入、激发晋军士气等多重作用，将晋军的不利因素变为了有利因素，为夺取决战胜利奠定了基础。

晋军退到城濮停了下来。这时，齐、秦、宋各国的军队也陆续到达城濮和晋军会师。晋文公检阅了军队，认为可以与楚军决战。这时，楚军追了九十里也到达城濮，选择了有利的地形扎下营，随后就派使者向晋文公挑战。晋文公很有礼貌地派了晋使回复子玉说："晋侯只因不敢忘记楚王的恩惠，所以退避到这里。既然这样仍得不到大夫（指子玉）的谅解，那也只好决战一场了。"于是双方约定了开战的时间。

周襄王二十年（前632）四月四日，晋楚两军决战开始。晋军针对楚军中军强大，左右翼军薄弱的部署特点，和楚军统帅子玉骄傲轻敌、不谙虚实的弱点，发起了有针对性的攻击。晋下军佐将胥臣把驾车的马蒙上虎皮，首先向楚军突然而奇异地进攻，楚军见了惊慌失措，弃阵逃跑，楚右翼就这样迅速崩溃了。

晋军同时也把进攻的矛头指向楚左军。晋上军主将狐毛在指挥车上故意竖起两面镶有彩带的大旗，非常醒目，远远就可望见。狐毛和许、郑联军一接触，就故意败下阵来。在逃跑时，在车的后面拖了很多树枝，树枝刮起的尘土，遮天蔽日，给在高处观阵的子玉造成了错觉，以为晋军溃不成军了，于是急令左翼部队奋勇追杀。晋中军元帅先轸等见楚军已被诱至，便指挥中军横击楚军，晋上军主将狐毛回军夹击楚左军。楚左军退路被切断，陷入重围，基本就歼。子玉见左右翼军都已失败，急忙下令收兵，才保住中军，退出战场。城濮之战最终以晋胜楚败而告终。

晋在城濮之战的胜利，首先在于晋国君臣能够准确分析交战之初的客观形势及利弊，制定出了先胜弱敌、避免过早与楚正面交锋、争取齐秦两国支

持的谋略。随后，在决战之时，晋军敢于先退一步，避开楚军的锋芒，以争取政治、军事上的主动。此外，晋军"知己知彼"，能根据敌人的作战部署，灵活地选择主攻方向，先攻敌人的薄弱环节，各个击破，因而获得了这场战争的胜利。纵观城濮之战的整个过程，我们不能不得出这样的结论：克敌制胜的上策在于以谋略战胜敌人。

草 船 借 箭

曹操在208年，率领马步水军号称八十万，水陆并进，讨伐东吴。刘备派诸葛亮去东吴游说，与东吴结成联军，共同抵抗曹操。曹操大军南下，一直打到长江北岸，在赤壁和联军隔江相峙。

诸葛亮足智多谋，遭到周瑜的嫉妒，周瑜一直想找借口杀掉诸葛亮。周瑜虚情假意地派人找诸葛亮商议军事。周瑜问诸葛亮，两军水战，最宜用何种兵器。诸葛亮不加思索地答道，大江上两军交锋，以弓箭为先。于是，周瑜就乘机让诸葛亮十天时间造十万支箭。这在当时是一个十分艰巨的任务，十万支箭就是不分昼夜、不停地干，十天也不一定能完成。诸葛亮却认为这很容易，三天就能完成。周瑜心喜正好借机会除掉诸葛亮，便要求诸葛亮和他立了军令状，三天之内弄不来十万支箭，诸葛亮受军法处置。

立完军令状的前两天，诸葛亮大摆酒宴，丝毫不见有造箭的迹象。东吴的鲁肃被周瑜派遣打探虚实去拜访他。诸葛亮请鲁肃准备几十只船，每只船上都扎满稻草人。同时，还要求船上多备些锣鼓。鲁肃不清楚是怎么回事，满口答应了。

第三天，大雾迷漫，江面上雾蒙蒙的，什么都看不清。诸葛亮命令士卒用长绳把船连在一起，朝北岸的曹营前进。在靠近时，命令士兵擂鼓呐喊。由于大雾，曹军看不清虚实，不敢轻易出战。他们以为是东吴水军前来偷袭，拼命地向东吴船上射箭，霎那间，箭如骤雨。东吴的船逼得越近，他们的箭射得就越急越密。东吴船上的稻草人身上射满了密密麻麻的箭，等天快亮，雾快散去的时候，诸葛亮才下令返航，等到曹军发现中计已经晚了。

三 谋攻篇

【提要】

从这篇开始到《军争篇》止,主要是进而议论在做出用兵的决策之后,人们必须首先思考的战略思想和战略原则。

本篇着重论述用兵打仗"必以全争于天下",即力求"全胜"的战略思想和策略原则。所谓"全胜",是指全部地占有敌国或全部地降服敌军。提出达到"全胜"有上、中、下三策,上策是"伐谋",以计谋取胜,做到"不战而屈人之兵";中策是"伐交",通过外交手段促使敌国放弃抵抗或让地赔款;下策是"伐兵",通过兵刃相见,歼灭敌军,占领敌国领土。文中还强调三军统帅,作为君主的辅佐,责任重大,其辅佐得周密与否,关系国势的强弱。指出国君要充分发挥三军统帅的才能,需要防止三种弊端:一是不了解敌我双方的情况,直接指挥军队作战。二是不了解军队的事情任意干预军队的政务。三是不懂得用兵的权谋机变任意干涉将帅们的指挥。最后提出五条预测胜利的方法:一是知道在何种形势下可以战或不可以战;二是懂得根据敌我双方力量对比的不同情况采取不同的策略和战术;三是全军上下,同心同德;四是以我方的有准备对付敌方的无准备;五是将帅有才能而又不受君主的掣肘。

【原文】

孙子曰:凡用兵之法,全国为上[1],破国次之[2];全军为上[3],破军次之;全旅为上[4],破旅次之;全卒为上[5],破卒次之;全伍为上[6],破伍次之。

【注释】

〔1〕全国:全,完整、完全。这里作动词,指完全地占有。全国,指完整地占有别国的领土。

〔2〕破国:破,击破、攻破。破国,指攻破敌国。

〔3〕全军:军,春秋时期军队的编制,每军为一万二千五百人。全军,这里是指使敌人全军将士投降。

〔4〕旅:春秋时期军队的编制,每旅为五百人。

〔5〕卒:春秋时期军队的编制,每卒为一百人。

〔6〕伍:春秋时期军队的编制,每伍为五人。

【译文】

孙子说：大凡用兵作战，以能使敌国举国屈服为上策，通过进攻使敌国受到破坏，便略逊一筹了；以能使敌国一军之众完整地降服为上策；通过兵刃交锋，击溃敌国一军之众便略逊一筹了；以能使敌军一旅之众完整地降服为上策，通过兵刃交锋，击溃敌军一旅之众便略逊一筹了；以能使敌军一卒之众完整地降服为上策，通过兵刃交锋击溃敌军一卒之众便略逊一筹了；以能使敌军一伍之众完整地降服为上策，通过兵刃交锋击溃敌军一伍之众便略逊一筹了。

【原文】

是故百战百胜，非善之善者也；不战而屈人之兵[1]，善之善者也。故上兵伐谋[2]，其次伐交[3]，其次伐兵[4]，其下攻城。攻城之法，为不得已。修橹轒辒[5]，具器械，三月而后成；距堙[6]，又三月而后已。将不胜其忿而蚁附之[7]，杀士三分之一而城不拔者，此攻之灾也。

【注释】

〔1〕不战而屈人之兵：屈，屈服，意为使敌屈服。不战而屈人之兵，这里是指不通过双方军队兵刃交锋，便能使敌军屈服。

〔2〕上兵伐谋：上，上等、上乘、最好的。兵，指用兵方法。伐，攻伐、攻击、进攻。谋，谋略、计谋。上兵伐谋：用兵的上策首先是挫败敌人的计谋。

〔3〕伐交：交，这里是指外交。伐交，这里是指挫败敌人的外交。

〔4〕伐兵：运用兵刃交锋战胜敌国。

〔5〕修橹轒辒(fén wēn)：修，建造、制造。橹，一种用藤草制成的大盾牌。轒辒，一种用桃木制成四周用牛皮遮蔽的大型攻城战车。修橹轒辒：制造大型盾牌和大型攻城战车。

〔6〕距堙(yīn)：堙，上山。距堙，指堆筑攻城用的小土山。

〔7〕蚁附：蚁，蚂蚁。附，依附。蚁附：像蚂蚁那样一个接着一个。

【译文】

所以说：百战百胜，并不是最好的用兵方法；只有不经过兵刃交锋而使得敌军降服才是最好的。最好的用兵首先是挫败敌人的计谋，其次挫败敌人的外交，再次是战胜敌人的军队，最差的要算强攻敌国的城池了。采用攻城的方式应是迫不得已而为之。因为制造攻城用的大盾牌和大型战车,准备好各种攻城器械,需要三个月时间;堆筑攻城用的小土山,又要三个月时间。然后,将领满怀愤怒,驱使士卒像蚂蚁一样蜂拥攻城,以致死伤三分之一还是不能把城攻破,这便是强攻城池的灾祸呵。

【原文】

故善用兵者,屈人之兵,而非战也;拔人之城,而非攻也;毁人之国,而非久也[1]。必以全争于天下[2],故兵不顿而利可全[3],此谋攻之法也[4]。故用兵之法,十则围之[5],五则攻之,倍则分之[6],敌则能战之[7],少则能逃之[8],不若则能避之。故小敌之坚[9],大敌之擒也[10]。

【注释】

[1] 久:这里是指旷日持久的战争。

[2] 必以全争于天下:全,完整、完全。这里是指取得对敌国的全国、全军、全旅、全卒、全伍的胜利。必以全争于天下:这里的意思是说,要用求得全胜的战略与天下各诸侯国争斗。

[3] 兵不顿:顿,通"钝"。疲惫、挫折。兵不顿:军队不致疲惫,挫折。

[4] 谋攻:用计谋进行攻伐。

[5] 十则围之:十,这里是指十倍。围,包围。十则围之:有十倍于敌的兵力就将敌军包围起来。

[6] 倍则分之:分,分开、分割。倍则分之:这里的意思是说,有一倍于敌的兵力,应再设法把敌军分开,以造成我军更大的优势。

[7] 敌则能战之:敌,匹敌、相当、相等。敌则能战之:与敌军兵力相当就善于抗击它。

[8] 少则能逃之:少,这里指我方兵力的数量比敌军少。少则能逃之:兵力数量比敌军少,就应设法逃避它。

[9] 小敌之坚:小,弱小。敌,泛指战争的一方。小敌,指战争中兵力弱小的一方。坚,坚固,引申为硬拼。小敌之坚:这里的意思是说,战争中兵力弱小的一方实行硬拼的战法。

[10] 大敌之擒:大敌,战争中兵力强大的一方。大敌之擒:为兵力强大的一方所擒获。

双援兵器 西周中期,通高61.2厘米,横长26.7厘米,重2.84千克。

【译文】

所以说，善于用兵的人，能使敌军降服，却不用通过兵刃交锋；能夺取敌国的城池，却不是经过激烈的攻城战斗；能毁灭敌人的国家，却无须经过旷日持久的战争。他们与天下诸侯争斗务求取得完全的胜利。做到自己兵力不致折损而获得完整的利益。这正是以谋略取胜的优点。

所以说，用兵打仗的方法应是：我军的兵力十倍于敌军，便把敌军包围起来加以全歼；我军的兵力五倍于敌军，便应对敌军发起攻击；我军的兵力只为敌军的一倍，就应设法将敌军分割开来以造成我军更大的优势；我军的兵力与敌军相当，便应奋力战胜他们；我军的兵力比敌军少，便应设法逃避而不与之正面接战；我军的实力赶不上敌军，也应回避它不同它正面冲突。所以说：弱小的军队如果硬拼，必定为实力强大的军队所擒获。

【原文】

夫将者，国之辅也[1]。辅周则国必强；辅隙则国必弱。故君之所以患于军者三[2]：不知军之不可以进而谓之进[3]，不知军之不可以退而谓之退，是谓縻军[4]。不知三军之事，而同三军之政者[5]，则军士惑矣[6]；不知三军之权，而同三军之任[7]，则军士疑矣[8]；三军既惑且疑，则诸侯之难至矣[9]，是谓乱军引胜[10]。故知胜有五：知可以战与不可以战者胜；识众寡之用者胜[11]，上下同欲者胜[12]，以虞待不虞者胜[13]，将能而君不御者胜[14]。此五者，知胜之道也[15]。

【注释】

〔1〕国之辅：国，这里是指的国君。辅，辅佐。国之辅：国君的辅佐。

〔2〕患于军：患，忧患、不利。患于军：这里是指对军队作战有不利的事情。

〔3〕不知军之不可以进而谓之进：谓，通"与"，这里可引申为命令。不知军之不可以进而谓之进：这里是说，君主不知道不可以进军但却命令它进军。

〔4〕縻（mí）军：縻，羁縻、束缚。縻军：束缚军队的行动。

〔5〕三军之政：三军，指我国古代作战设置的上、中、下或左、中、右三军，亦可泛指军队。政，是指政务。三军之政，这里是指军队的政务。

〔6〕惑：困惑。

〔7〕不知三军之权，而同三军之任：权，权变，机动。同，有覆盖的意思，这里可引申为总揽。任，指挥、统率。不知三军之权，而同三军之任：这里的意思是说，不懂得用兵的权变，灵活的性质，却要干涉军队的指挥。

〔8〕疑：疑虑。

〔9〕难：危难，灾难。

〔10〕乱军引胜：乱军，扰乱军心。引，招致。乱军引胜，是说自己扰乱军心，招引敌军取胜。

〔11〕识众寡之用：识，了解。众，众多。寡，寡少。识众寡之用，是说了解用众多的兵力或者是用人数少的兵力的各种战法。

〔12〕上下同欲：上，这里是指君主或军队的统帅。下，这里是指下级军官和士兵。欲，欲望、意愿。上下同欲：君主或统帅与下级官兵有共同的意愿和欲望。

〔13〕虞：料想，这里可引申为准备。

〔14〕御：驾御，引申为牵制，掣肘。

〔15〕知胜之道：知，这里是指预见，预知。道，道路、方法。知胜之道，这里是指预知胜利的方法。

【译文】

军队的将帅，是国君的辅佐，辅佐得周详，国家就必定强大；辅佐得不周详，国家就必定会因遭受强国的攻击而衰弱下来。所以说，国君对于军队作战不利的事有三：不了解军队不可以前进，却硬要命令军队前进；不了解军队不可以后退，却硬要命令军队后退；这叫作束缚军队。不了解军队的事情，却要总揽军队的政务，以致将士们产生困惑；不懂得军队作战的灵活与权变，却要干预军队的指挥，以致将士们产生疑虑；军队将士既困惑又疑虑，各诸侯国乘机进犯的灾难就会到来，这叫作自己扰乱军心，招引敌军取胜。所以说，在五种情况可以预见到胜利：知道在什么情况下可以作战，和在什么情况下不可以作战的人，会取得战争的胜利；懂得根据兵力多少而采取不同战法的人，会取得战争的胜利；全军上下，同心同德的，会取得战争的胜利；以我方的有准备对待敌方的无准备，会取得战争的胜利；将帅有才能而国君不加掣肘的，会取得战争的胜利。这五条，就是预见胜利的方法。

【原文】

故曰：知彼知己，百战不殆[1]；不知彼而知己，一胜一负；不知彼不知己，每战必殆。

【注释】

〔1〕殆：危险、失败。

【译文】

所以说：既了解敌方情况，也了解我方情况，便能百战百胜而不会有危险。不了解敌方情况，只了解我方情况，胜败各半。既不了解敌方情况，也不了解我方情况，就会每次用兵都必定失败。

【战例】

审时度势　智挫晋谋

齐国曾是春秋战国时期第一个称霸的国家。齐桓公死后，齐国就逐渐衰败了。过了一百年，齐景公当上了国君。为了恢复齐国的往昔繁盛，齐景公任用了晏婴等一批贤臣，使齐国再度走上欣欣向荣的道路。

齐国的繁荣和强盛引起了称霸中原的晋国的不安。晋平公为了向诸侯各国显示一下自己"霸主"的威力和巩固其地位，就想征伐齐国，给齐国一点厉害看看。为了探清楚齐国的虚实，晋平公派大夫范昭出使齐国。

范昭到了齐国，齐景公设盛大宴会款待晋国使者。酒到酣处，范昭对齐景公说："请大王把酒杯借我用一下。"齐景公不知其意，便吩咐侍从："把我的酒杯斟满，为上国使者敬酒！"侍从倒满酒恭恭敬敬地送到范昭面前，范昭端起酒杯，一饮而尽。晏婴把范昭的举止和神色看在眼里，大为愤怒，厉声命令斟酒的侍从："撤掉这个酒杯！给国君换一个干净的。"

范昭闻言，吃了一惊。于是，他干脆佯作喝醉，站起身，手舞足蹈地跳起舞来，边舞还边对乐师说："请给我奏一曲成周之乐，以助酒兴！"

乐师从晏婴命令侍从撤杯的举动中看出了范昭的用意，站起来对范昭说："下臣不会奏成周之乐。"范昭连讨没趣，借口已经喝醉，告辞回驿馆去了。

齐景公见范昭不悦而去，心中不安，责怪晏婴说："我们要跟各国友好往来，范昭是上国使者，怎么能惹怒人家呢？"

晏婴回道:"范昭不过是以喝醉为名来试探我国的实力。为臣的这样做,正是要挫掉他的锐气,使他不敢小看我们。"

乐师也跟着说:"成周之乐是供天子使用的。范昭不过是个小小使者,也太狂妄了。"

齐景公恍然大悟。

第二天,范昭拜见齐景公,连连向齐景公道歉,说自己酒醉失礼;齐景公回了几句客套话,然后派晏婴带范昭去齐国的军营和街市上参观。范昭回国后,不无感触地对晋平公说:"齐国国力不弱,君臣同心,暂时不可图谋。"

晋平公于是灭了攻伐齐国的念头。

避其锐气　智挫水师

1854年,曾国藩率湘军水师击退太平天国的西征军,妄图趁西征军力量锐减之际,乘胜追击,置西征军于死地。为扭转不利局面,翼王石达开奉天王洪秀全的命令溯江而上,增援西征军。

曾国藩的湘军水师以快蟹、长龙大船居中指挥,以舢板轻舟往来作战,大船上还配有西洋铁炮,咄咄逼人。太平军的将领们对迎战曾国藩都感到没有把握。石达开在观察了湘军水师的行动后却放声大笑。石达开说:"湘军水师固然很厉害。但也有其短处:快蟹、长龙船笨重体大,行动不便;舢板、轻舟易于行动,但不利食宿。这两种船只有相互依附才能有战斗力,如果将它们分开,即可各个击破!"

一席话,说得众将面现笑容。

石达开针对湘军连连获胜的现实,采取了避其锐气、层层设防、等待时机的策略,在鄱阳湖的河口设置木排宽数十丈,木排外用铁锁篾缆层层防护,又在东岸和西岸层层设立炮位严阵以待。

虽然是这样,悍勇的湘军水师在付出沉重代价之后,仍然闯过了湖口木排关。石达开早有准备,连夜将数条装有砂石的大船凿沉在江心,又故意在西岸留下一个仅容湘军舢板小舟通过的隘口。

湘军水师果然中计。水师将领萧捷三率舢板

曾国藩　字伯函,号涤生,湖南湘乡人。道光十八年中进士,入翰林院,累迁内阁学士、礼部侍郎。咸丰二年,创建湘军。1860年加兵部尚书衔,授两江总督。1864年七月,完成对太平天国起义的镇压,封一等毅勇侯。

小舟从隘口冲入鄱阳湖，一直深入到离湖口四十里的姑塘才停了下来。石达开命令太平军将隘口堵塞，然后用艨艟、巨舰对付舢板、小舟。萧捷三发现退路已断，方知中计，虽奋力死战，但舢板、小舟被石达开的艨艟、巨舰一撞即翻，萧捷三全军覆没。

与此同时，石达开派出小船，向湘军水师的快蟹、长龙等大船发起火攻。石达开的小船上配备有大量火箭、喷筒，一时间，数千只火箭、喷筒对准大船喷射出眩目的火焰，四十多艘装备精良的快蟹、长龙顿时在一片烟火之中化为灰烬。

石达开趁湘军水师惊魂未定之时，又在半夜派小船潜入湘军水师设在九江的大营，突然发起火攻，大江之上，一片火海。曾国藩的湘军水师丧失殆尽，曾国藩本人也险些葬身大江之中。

石达开在湖口重创湘军水师，扭转了太平天国西征军的不利局面，使太平军得以再度攻占湖北重镇武昌。

挟此余威　一书降燕

秦朝灭亡后，刘邦和项羽为争夺天下展开了殊死决战。

刘邦为牵制项羽，命令韩信从侧翼迂回。韩信能征善战，仅用四个月的时间就灭掉了魏国、代国，越过太行山，逼近赵国。

赵王歇和赵军统帅陈馀率领二十万兵马集结在井陉口。谋士李左车向陈馀献计道："韩信乘胜而来，锐不可当，但他们长途跋涉，必定粮草不足。我们井陉这个地方山路狭窄，车马难行，汉军走不上一百里路，粮草必然落在后面。我们派三万精兵从小路截断他们的粮草，再深挖沟、高筑垒、坚营寨，不与他们交战，用不了十天，我们就可以活捉韩信。"

陈馀笑道："兵书上说，兵力比敌人大十倍，就可以包围他，韩信不过两三万人马，我们怕他做什么？"一口回绝了李左车的建议。

韩信得知陈馀不用李左车的建议，暗暗欢喜。他以背水为阵和疑兵之计一举击溃赵军，杀死陈馀，活捉了赵王歇，然后出千金重赏，捉拿李左车。几天后，李左车被缉拿归案。众将士以为韩信必杀李左车无疑，但韩信一见李左车，立即上前亲自为他松绑，

轮内戈　战国前期，长37厘米，宽12.2厘米，重0.5千克。

并请李左车坐在上座，自己坐在下手，俨然是弟子对待师傅。

李左车道："败军之将，不敢言勇；亡国之大夫，不可图存。我是将军的俘虏，将军何以这样对待一个俘虏呢？"

韩信道："从前，百里奚住在虞国，虞国被消灭了，秦国重用了他，从此才强大起来。今天您就好比是百里奚，如果陈馀采用了你的策略，我早已是您的俘虏了。正因为陈馀不听您的建议，我才能有今天的胜利。我是诚心向您请教，请您不要推辞。"

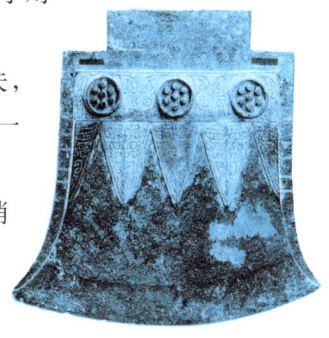

兽面纹大钺　商代后期，长34.3厘米，宽36.5厘米，重5.8千克。

李左车见韩信真心敬重自己，这才开口说道："将军连克魏、代、赵三国，虽然取得不小的胜利，但将士们已十分疲劳，再要去攻伐燕国，倘若燕国凭险固守，将军恐怕要感到力不从心。"

韩信问："先生认为该如何是好呢？"

李左车道："将军一日之内击败赵国二十万大军，威名远扬，燕国不会不知道的。将军挟此余威，一面安抚将士和赵国百姓，一面派一使者去燕国，晓以利害，则可不战而使燕国屈服。"

韩信大喜，连声赞叹："先生高明之极，就这样办！"

韩信当即修书一封，在信中阐明了汉军的得天独厚优势，分析了燕国的处境及战与降的利害，又派了一名能言善辩的使者把信送往燕国，同时，又按照李左车的建议把军队调到燕国边境线上，摆出一副咄咄逼人的进攻架势。

燕国君臣早已得知赵国灭亡的消息，今见韩信大军压境，无不惶恐。燕王看了韩信的书信后，立即表示同意归降。

韩信只凭一纸书信未费一兵一卒，就顺利地拿下了燕国。

四 形 篇

【提要】

前一篇主要是议论用兵打仗应力争"全胜"的思想。这一篇则是议论战争的攻守问题,而着重又是议论如何造成一种守必固、攻必克,以求"全胜"的形势。

文章开篇提出在战争中实行进攻与防守所必须坚持的基本原则。具体地说就是:守要守得"不可胜",攻要攻得有机可乘;兵力少时应着重防守,兵力有余方可进攻;守要守得像"藏于九地之下"那样隐蔽,攻要攻得像"动于九天之上"那样出其不意和势不可挡。进而提出应先认清必胜的形势然后用兵的原则。认为一般的人所能预见到的胜利,以及通过兵刃交锋、硬拼死打获得的胜利都不是最理想的胜利,"非善之善者也"。惟有从敌我双方实力及其发展趋势的对比中把握必胜的形势,进而采取措施夺取的胜利,才是善于用兵的人应该努力争取的胜利。最后强调善于用兵的人应重视"修道而保法",修明政治,严肃法度,以造成我方必胜的形势。同时,还应从土地、人口和物质资源、军队和兵员,以及综合实力等方面对敌我双方的情况进行详细的比较与衡量,确认已形成必胜形势后,方才用兵。

【原文】

孙子曰:昔之善战者,先为不可胜[1],以待敌之可胜[2]。不可胜在己[3],可胜在敌[4]。故善战者,能为不可胜,不能使敌之可胜[5]。故曰:胜可知而不可为[6]。

【注释】

〔1〕先为不可胜:先,首先。为,造成。不可胜,不可被战胜。先为不可胜,这里是指首先造成一种不可被敌军战胜的形势。

〔2〕待敌之可胜:待,等待。敌,敌方。可胜,可以被战胜。待敌之可胜,这里是指等待敌人有可能被我军战胜的机会。

〔3〕在己:在于自己,引申为决定于自己。

〔4〕在敌:在于敌人,引申为决定于敌人。

〔5〕不能使敌之可胜：使，强使。不能使敌之可胜，这里是指不可能强使敌军提供被我军战胜的机会。

〔6〕不可为：为，强求。不可为：不可以强求。

【译文】

孙子说：从前善于打仗的人，总是预先造成一种不可被战胜的形势，来等待敌军有可能被战胜的时机。不可被战胜形势的造成，决定于自己一方。而能否提供可以被战胜的时机则决定于敌方。所以，善于打仗的人，只能做到使自己不可被战胜，却不能做到使敌军必定被我军战胜。所以说：胜利只可以预知，而不可以强求。

【原文】

不可胜者，守也；可胜者，攻也。守则不足[1]，攻则有余[2]。善守者，藏于九地之下[3]；善攻者，动于九天之上[4]；故能自保而全胜也。

【注释】

〔1〕守则不足：守，防守。不足，这里是指兵力不足。守则不足，这里是指兵力不足时应着重防守。

〔2〕攻则有余：攻，进攻。有余，这里是指兵力有余。攻则有余，这里是指在兵力充足有余时才发起进攻。

〔3〕藏于九地之下：藏，隐藏、隐蔽。九地，极深的地下。"九"是虚数，古人常把"九"表示数的极点。藏于九地之下，是指将军队隐藏在很深很深的地下，使敌人莫测虚实。

〔4〕动于九天之上：动，发动。这里可引申为进攻。动于九天之上，是指军队进攻如同从天而降，既出其不意又势不可挡。

【译文】

不可以被战胜，讲的是防守；可以战胜敌人，讲的是进攻。防守是因为兵力不足；进攻则是因兵力有余。善于防守的军队，就像隐藏在极深的地下一样使敌方莫测虚实；善于进攻的军队，就像从九天之上突然而降，既出其不意，又势不可挡；这样的军队既能在防守中保全自己，又能在进攻时获得全胜。

四 形 篇

【原文】

见胜不过众人之所知[1]，非善之善者也[2]。战胜而天下曰善[3]，非善之善者也。故举秋毫不为多力[4]，见日月不为明目[5]，闻雷霆不为聪耳[6]。古之所谓善战者，胜于易胜者也。故善战者之胜也，无智名[7]，无勇功[8]，故其战胜不忒[9]；不忒者，其所措必胜，胜已败者也[10]。故善战者，立于不败之地，而不失敌之败也[11]。是故胜兵先胜而后求战[12]，败兵先战而后求胜[13]。

【注释】

〔1〕见胜不过众人之所知：见，预见。见胜，预见到胜利。众人，这里是指一般的人、平常的人。知，知道，引申为预知、预测。见胜不过众人之所知：为一般人所能预测到的胜利。

〔2〕善之善：善，好。善之善：好而又好。最好，最理想的。

〔3〕天下曰善：天下，这里指天下的人。天下曰善：天下的人都说好。

〔4〕举秋毫不为多力：举，举起。秋毫，野兽秋天长出的毫毛，比喻为极轻、极细的事物。多力，力量大。举秋毫不为多力：能举一件像毫毛那样极轻极细的事物不能算是力量大。

〔5〕明目：眼睛很亮。

〔6〕聪耳：耳朵听觉很灵。

〔7〕无智名：智，智谋。名，名声。无智名：没有多智多谋的名声。

〔8〕无勇功：勇功，勇敢的战功。无勇功：没有勇敢的战功。

〔9〕战胜不忒：忒，可以译为"差"或"差错"。战胜不忒：打胜仗不会有差错。

〔10〕胜已败者也：已败，已经失败，已经处于必败之地。胜已败者也：战胜已经处于必败之地的敌人。

〔11〕不失敌之败：失，丧失。敌之败，敌人的失败。不失敌之败：不放过使敌人失败的机会。

〔12〕胜兵先胜而后求战：胜兵，打胜仗的军队。先胜，这里是指事先取得必胜的形势。求战，宣战。胜兵先胜而后求战：这里是说，打胜仗的军队总是事先取得必胜的形势而后才向敌国宣战。

〔13〕败兵先战而后求胜：败兵，打败仗的军队。求胜，谋求胜利。败兵先战而后求胜：这里是说，打败仗的军队，是因为先打仗而后再谋求胜利。

【译文】

预见胜利不超过一般人所能预见的，不是最理想的胜利。打了胜仗，天下的人都说好，也不是最理想的胜仗。因为能举起极轻极细的"秋毫"并不能算是力量大；能看见太阳和月亮的光辉也并不能算是眼睛明；能听到雷霆的声音更不能算是耳朵灵。古时所讲的善于打仗的人必定会取得胜利，指的是战胜那些容易战胜的敌人。因而这些善于打仗的人既没多智多谋的名声，也没有勇敢的战功；但他们却每战必胜而不会有差错。之所以没有差错，是因为他们采取了必胜的措施，战胜那已经处于必败之地的敌人。所以，善于打仗的人，总是使自己立于不败之地，而又从不放过使敌人失败的时机。因此，打胜仗的军队总是先取得必胜的形势，然后才向敌国宣战，而打败仗的军队则是先盲目作战然后再去求取胜利。

【原文】

善用兵者，修道而保法[1]，故能为胜败之政[2]。

【注释】

〔1〕修道而保法：修道，修明治道。保法，保持法度，严明法度。修道而保法：修明治道，严明法度。

〔2〕为胜败之政：为，成为。政，正，引申为主宰。为胜败之政：能成为支配用兵胜败的主宰。

【译文】

因此，善于打仗的人，注重修明治道，严肃法度，所以能够成为决定战争胜负的主宰。

【原文】

兵法：一曰度[1]，二曰量[2]，三曰数[3]，四曰称[4]，五曰胜[5]。地生度，度生量，量生数，数生称，称生胜。故胜兵若以镒称铢[6]，败兵若以铢称镒，胜者之战民也[7]，若决积水于千仞之谿者[8]，形也[9]。

【注释】

〔1〕度：度量。这里是指土地幅员的大小。

〔2〕量：容量、数量。这里是指人口和物质资源的数量。

〔3〕数：数量。这里是指兵员的数量。

〔4〕称：衡量。这里是指衡量敌我双方实力的对比情况。

〔5〕胜：胜利。这里是指取胜的可能性。

〔6〕以镒称铢：镒与铢都是我国古代的重量单位。1镒等于24两；1两等于24铢。以镒称铢：以很重的事物去称量很轻的事物，自然是轻重悬殊。这里是比喻胜兵对败兵的力量相差悬殊。胜兵的实力占有绝对优势。

〔7〕战民：民，作"人"解，战民：作战的人，即士卒。

〔8〕决积水于千仞之谿：决，冲决。仞，我国古代高度单位，1仞为7尺。谿，山涧。决积水于千仞之谿：决开积水从千仞之高的山顶山涧冲下来。

〔9〕形也：这里的形是指由军事实力而造成的形势。

【译文】

用兵的法则：一是"度"，二是"量"，三是"数"，四是"称"，五是"胜"。敌我双方土地幅员大小不同的"度"，规定着双方人口和物质资源不同的"量"；敌我双方人口和物质资源不同的"量"，规定着双方军队和兵员不同的"数"；敌我双方军队和兵员不同的"数"，规定着双方实力不同的"称"；敌我双方实力不同的"称"，规定着战争结局谁胜谁负。所以说，打胜仗的军队与打败仗的军队相比，就像以"镒"称"铢"一样，前者的力量占绝对优势；而打败仗的军队与打胜仗的军队相比，就像以"铢"称"镒"一样，前者的力量居绝对劣势。打胜仗的人指挥士卒作战，就像从千尺高山顶决开山涧积水往下猛冲那样势不可挡，这正是"形"——实力强大的表现。

【战例】

秦赵邯郸之战

在公元前262年，韩国遭到了秦国的进攻。秦攻占了韩国的陉（今河南济源西北）、高平（今河南济源西南）、少曲（今河南济源西）、野王（今河南沁阳）地区。韩王非常恐惧，忙派使者入秦，表示愿献出上党郡求和。但上党郡太守冯亭不愿献地入秦，他为了转移矛盾，减轻秦国对韩国施加的压力，就将上党郡献给了赵国。赵王贪利受地，引起了秦国的不满，于是出兵攻赵，引发了长平之战。长平之战最终以秦胜、赵败而结束。秦国以赵国割地六城予秦而撤军。但是，赵国在秦国撤兵后，又不愿如约割地，因而激怒了秦国，秦国便出兵邯郸，引发了邯郸之战。

邯郸之战可以说是长平之战的继续。在邯郸之战，赵国吸取了长平之战失败的教训，改变了军事战略，在强敌面前，力求做到"先为不可胜"。他们制定了坚守邯郸、持久防御、避敌疲敌的作战方针，使秦军处于劳师远袭、顿兵攻坚的困难境地。最后，各诸侯国援赵的救兵到达，在"赵应其内，诸侯攻其外"的不利形势下，秦军兵败邯郸，赵国则以弱胜强，取得了邯郸之战的胜利。

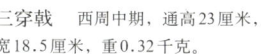
三穿戟　西周中期，通高23厘米，宽18.5厘米，重0.32千克。

公元前260年，秦、赵在长平决战，秦将白起针对赵括只知纸上谈兵、鲁莽轻敌的特点，制定了后退诱敌、包围歼灭的作战方针，全歼赵军四十余万。白起取得胜利后，还想一鼓作气，灭掉赵国。他将秦军分为三部分，一部分攻占邯郸以西的要点武安（今河北武安西）等地，一部分北上夺取太原郡（今山西中部地区），白起亲自率领一部分兵力留驻上党，准备进攻邯郸。

秦军的进攻势头，引起了赵国及周围诸侯国的恐惧。赵国为了免于灭亡，与韩国合谋，派苏代携带重宝赴秦游说秦相范雎。苏代从范雎的个人利益及秦国的得失两方面来动摇其灭赵的决心，同时提出割地求和。范雎为苏代的分析所打动，便向秦王建议准许赵割地议和。秦王考虑长平之战相持三年，秦军虽然战胜，但士卒死者过半，国虚民饥。于是同意韩割垣雍，赵割六城给秦国，达成和议。秦王于周赧王五十六年（前259）正月撤兵。

秦国撤兵后，赵国国王准备按照和约割让六城与秦。赵相虞卿不同意割城，他分析说，秦国撤兵是由于师劳兵疲，力量不足，如果现在用他没能攻取的土地送给秦国，这与鼓励秦国攻打赵国无异。如果割六城给秦，那么赵国地有尽而秦之贪婪之心无尽，那样的话赵国必亡。

他向赵王建议以六城贿赂齐国，因齐与秦结怨较深，齐得到赵国的六城后，必愿与赵合力攻秦，这样，赵国虽失地于齐，然而可取秦地以补损失。那时秦必反向赵求和，韩、魏也会尊重赵国，从而与齐、韩、魏结成联盟。赵王采纳了虞卿的建议，同时料定秦国不会善罢甘休，便积极进行抗秦准备。

赵国吸取了长平之战的教训，策划了一系列内政外交策略。对内，赵国君臣努力缓和内部矛盾，合力同心，治理国家。他们努力发展农业生产以增强国力，抚养孤幼以增加人口，整顿兵甲以增强战斗力，同时，还利用人民对秦军在长平坑杀赵军降卒暴行的愤恨来激励全国军民同仇敌忾，这样便造就了全国上下奋起抗秦的有利态势；对外，赵国积极开展合纵活动。

赵王派虞卿东见齐王，商议合纵抗秦的计划；利用魏国使者来赵谋议合纵的机会，同魏国签订了合纵的盟约；同时以灵丘（今山西灵丘）作为楚相春申君的封地，结好楚国；此外，还对韩、燕两国极力拉拢。所有这些活动，促成了反秦联合力量的形成，使得反秦统一战线建立起来。

秦昭王果然因赵国没有如约割地，反而联合各诸侯国与之为敌而愤恨不平，遂于公元前259年九月发兵攻赵。秦王派五大夫王陵率兵攻赵，军队很快打到了赵国国都邯郸。赵国鉴于敌强己弱的客观态势，采取了坚守疲敌、持久防御、避免决战、以待外援的方针。赵国人民对秦军的残暴记忆犹新；秦军的入侵，激起了赵国军民坚决抵抗、为保卫国家誓死抗秦的决心。他们坚守邯郸，英勇作战。在坚守防御的过程中，还经常派出精锐部队伺机袭击秦军，给秦军以沉痛的打击。秦国军队进攻邯郸的行动受到挫败，秦王又增兵换将，继续对邯郸发动攻势。经过八九个月的作战，秦军伤亡惨重，仍然攻克不下邯郸。秦王对此十分恼怒，亲自出面请秦将白起出来带兵攻赵。当初，在秦王与辅臣商讨出兵攻赵之时，白起便反对在这个时候出兵攻赵。他对秦王说，赵国自长平战败后，秦未能乘胜灭赵，给了赵国以喘息的时间；赵国得以努力耕种以增强蓄积，整顿兵甲以加强战斗力，修补城池以巩固守备。目前，赵国在内政方面，全国上下同仇敌忾，正努力增强国力，加强战备；在对外方面，赵国在积极联络诸侯各国共同对付秦国。在这种形势下，是难以战胜赵国的。现在白起的预言得到印证之时，秦王又出面请白起为将去邯郸指挥作战，白起仍不从命，表示"宁伏受重诛而死，不忍为辱军之将"。秦王听了勃然大怒，最后赐以利剑逼他自杀了。

秦国军队久攻邯郸不下，处于师劳兵疲、进退两难的尴尬境地。这时，赵国在固守邯郸的同时，积极从事合纵活动。平原君赵胜率毛遂等人赴楚求援，毛遂以秦曾经攻破郢都、焚烧夷陵、追楚迁都的旧怨来激怒楚王，使楚王答应出兵北上救赵。魏王也即答应救赵，并派出军队十万向邯郸进发。秦王听到这个消息后，派使者威胁魏王说：谁要是出兵救赵，等我攻下邯郸后就调兵攻打谁。魏王惧怕日后报复，就命令主将晋鄙将十万大军屯驻在邺（今河北临漳），观望不前。

平原君赵胜见魏军停止前进，就派人去魏国，让自己的内弟、魏公子信陵君想法说服魏王让军队赴邯郸。信陵君多次劝说魏王，魏王仍然不肯下令进军。信陵君没有办法，又不能眼看着赵国灭亡，便决定带着自己仅有的一班人马去和秦军决一死战。临出发前，他遇到了朋友侯嬴。侯嬴劝他不要去硬拼，并说，如果那样做，就好像把一块肉投入饿虎之口，又能取得什么效果呢？他让信陵君去求助魏王的爱妾如姬，让她以出入魏王寝宫之便，偷取魏王调兵易将的虎符，然后夺取魏将晋鄙的兵权，带领军队去救赵。因为信陵君曾为如姬报了杀父之仇，这次信陵君请如姬窃虎符的计划进行得十分顺利。信陵君窃得虎符，赶到邺地，凭着虎符，假托魏王之命要取代晋鄙的职务。晋鄙对此表示怀疑，不肯交出兵权，信陵君不得已杀了晋鄙，夺得兵权，率领军队直赴邯郸。

在赵国的邯郸，秦军又一次发起了猛烈的攻势，邯郸形势危如累卵。这时，平原君让自己的妻妾婢奴也参加到守城的劳役中，把家中的资产全部拿出来馈赠给士兵，鼓励士兵拼死作战。平原君还招募到三千奋不顾身的战士，向秦军发起反击。秦军出于意外，一时招架不住，向后退却了三十里。正在这时，信陵君率领的魏军救兵和春申君率领的楚军先后赶到，秦军在内外夹攻的形势下战败于邯郸，秦将王龁率残部逃回汾城，另一部分被联军包围，最后投降赵国。

魏、楚、赵三国联军乘胜进至河东，秦国放弃了以前所侵占的魏地河东、赵地太原和韩地上党。邯郸之战到此以赵胜秦败落下帷幕。

在邯郸之战中，赵国能以弱胜强，关键在于制定了能使自己立于不败之地的策略。如缓和国内矛盾，争取人民的支持，即孙子所说的"修道保法"；同时制定了以守为主，攻守结合的战略。在敌军出现了师劳兵疲、顿兵挫锐的情形下，赵国又能及时抓住这一有利时机，配合援军的进攻，一举击败秦军，赢得胜利。而秦军的失败，则是秦昭王不了解兵法原则，在客观条件不具备的情况下，贸然发动战争而造成的恶果。孙子曰："胜可知而不可为。"邯郸之战的胜败得失，足以启迪后世的军事家们。

以逸待劳　疲楚败楚

春秋时期，吴王阖闾在大将孙武、大夫伍子胥、太宰伯嚭的辅佐下，国力大增。公元前512年，阖闾认为可以攻打楚国了，于是召集孙武、伍子胥、伯嚭共议出兵大事。

孙武道："大王要远征楚国，时机尚不成熟。楚国地大物博、兵多将广，而我们吴国是个小国，人口少，物力也不够富足，要想打败楚国，还需要几年的准备。"

邗王是野戈　春秋后期，通高64.8厘米，宽38.8厘米，重29千克。

伍子胥因自己的父兄都被楚王杀害，急于报仇，在同意孙武的意见时，又提出了一个"疲楚"的妙计：把吴国的士兵分为三军，每次用一军去袭扰楚国的边境，一军返回，另一军则出发，这样，自己的军队可以得到充分的休整，而使楚国的军队疲于奔命，劳苦不堪。

孙武和伯嚭也都认为伍子胥的计策切实可行。于是第二年，阖闾开始实施伍子胥的"疲楚"计划：派一支部队袭击楚国的六城和潜城（均在安徽境内），楚国急忙调兵援救潜城，吴兵则已离开潜城攻破了六城。过了一些日子，吴兵又攻击楚国的弦（河南境内），楚国慌忙调兵奔走数百里援救弦，但是，援军还没有赶到弦，吴兵已撤回了。

一连六年，吴国用此"疲楚"之计使楚国士卒疲于奔走，消耗了大量实力。

公元前506年，楚国令尹囊瓦攻打蔡国，蔡国联合唐国向吴国求救。阖闾认为这是一个出兵攻楚的大好时机，再次召集伍子胥、孙武和伯嚭商议出兵之计；伍、孙、伯三人一致同意阖闾的意见。这一年冬天，阖闾亲率伍子胥、伯嚭、孙武，倾全国的军队计六万多人誓师伐楚。

楚军连年奔走作战，实在是"疲劳"已极，因此，吴军长驱直入，迫近汉水方才遇到囊瓦的"阻挡"。决战时刻，吴军士气旺盛，而楚军战战兢兢，勉强应战。双方军队一接触，楚军就土崩瓦解，囊瓦率先逃走，大夫史皇战死。吴军乘胜追击，接连在郢、随一带和雍澨大败楚军，然后渡过汉水，迅速攻占楚国都城，楚昭王跑得快了一步，才没有成为吴军的俘虏。

先备后战　力灭陈国

南北朝后期，北周的相国杨坚自立为皇帝，建立了隋朝，杨坚即是隋文帝。隋文帝胸怀大志，决心一统天下。在当时，隋朝力量单薄，而北方的突厥人不时南侵，隋文帝便制定了先灭突厥、后灭陈国的战略方针。

隋文帝在与突厥交战期间，对南方的陈国采取了十分"友好"的策略：每次抓获陈国的间谍，不但不杀，反要以礼相送还；即使是有人要投靠隋文帝，只要他是陈国人，隋文帝从隋、陈"友好"出发，仍毅然加以拒绝。为增加国家实力，隋文帝大胆实行改革，简化了政府机构，鼓励农耕，提倡习武。

在击溃了突厥之后，隋文帝开始着手灭陈的行动。江南收获的时间较早，每到收获季节，隋文帝就派人大造进攻陈国的舆论，令陈国紧急调征人马，以至误了农时。江南的粮仓多用竹木搭成，隋文帝派遣间谍潜入陈国，因风纵火，屡屡烧毁陈国的粮仓。经过几年的折腾之后，陈国的物力、财力都遭受不小的损失，国力日益衰弱。

为了渡江作战，隋文帝派杨素为水军总管，日夜操练水军。杨素建造的战船，最大的叫"五牙"，可乘八百人；小的叫"黄龙"，也可乘一百余人。为了迷惑陈军，屯兵大江前沿的隋军每次换防时都要大张旗鼓，令陈军恐惧不已，以为隋军是要渡江作战。渡江前夕，隋军又派出大批间谍进行骚扰、破坏，搅得陈国军民不得安宁。

但是，面对磨刀霍霍的隋军，陈后主竟然麻木不仁，依旧是醉生梦死。史官章华冒死进谏，陈后主将其斩首示众。隋开皇八年（588）十月。隋文帝认为条件已经成熟，指挥水陆军，分八路渡过长江攻陈。当元帅杨素的"黄龙"战船在破晓时抵达长江南岸时，陈国守军还都在睡梦之中。隋军除在岐亭（西陵峡口）遭到陈国南康内使吕仲肃在江中以三条巨型铁索的阻截外，一路上攻无不克，战无不胜。第二年的正月廿日，隋军攻入陈都建康。陈后主仓惶躲入枯井之中，后被隋兵搜出，陈国就此灭亡。

长达近二百年的"南北朝"——中国社会长期分裂的局面终于结束了。

陈后主　即陈叔宝，字元秀。南北朝陈朝末代皇帝，在位期间，大建宫室，生活奢侈。589年隋兵入建康，被俘。

五 势 篇

【提要】

前篇的"形",主要是从战略和战役的攻与守,阐明如何观察和努力促成一种必胜的形势,以期发起对敌军的战略总进攻。这篇的"势",则着重分析在对敌军实施战略进攻中,如何从战役上运用奇正结合的原则,创造一种高屋建瓴、出奇制胜的态势。

文章开篇阐述在战役上用兵打仗必须注重四条:一是部队编制有序,管理严密。二是旌旗鲜明,号令严肃,使得行动统一。三是善于运用奇正结合原则。四是善于避实击虚。一旦发起对敌进攻,便如以石击卵,势不可挡。接着提出"凡战者,以正合,以奇胜"的命题,并加以阐述。进而分析,造成正奇结合,出奇制胜态势的关键有二:一是我军训练有素,布阵周密。二是以伪装示形于敌。最后得出结论:善于用兵的人重视依靠和建构一种必胜的态势而不苛求于下属,他们选择将领也是善于"任势"的人,所以打起仗来就能像从高山上往下滚动圆石那样势不可遏,战无不胜!

【原文】

孙子曰:凡治众如治寡[1],分数是也[2];斗众如斗寡[3],形名是也[4];三军之众[5],可使必受敌而无败者[6],奇正是也[7];兵之所加,如以碫投卵者[8],虚实是也[9]。

【注释】

〔1〕治众如治寡:治,治理、管理。众,众多。这里指众多的人。寡,少。这里是指数量很少的人。治众如治寡:管理人数众多的人就如同管理人数很少的人那样得心应手。

〔2〕分数:曲为分,什伍为数。分数就是指军队的编制。

〔3〕斗众如斗寡:斗,战斗。斗众,指挥众多的人作战。斗众如斗寡:指挥众多的人作战就如同指挥人数很少的人作战那样轻而易举。

〔4〕形名:旌旗曰形,金鼓曰名。形名就是指的古代作战用的旌旗、金鼓。

〔5〕三军:我国古代作战,军队常分为上、中、下三军,或左、中、右三军。故三军泛指军队。

〔6〕必受敌:必,通"毕",可引申为完全、全部。受敌,遭受敌军攻击。必受敌:全部军队遭受敌军的攻击。

〔7〕奇正：我国古代军事术语。当敌为正，傍出为奇。

〔8〕以碫（duàn）投卵：碫，一种很坚硬的石头。卵，蛋。以碫投卵：用坚硬的石头投击鸡蛋。

〔9〕虚实：虚，空虚。这里是指用兵时防守空虚或实力空虚。实，充实、坚固。这里是指用兵时，军力充实或防守坚固。

【译文】

孙子说：管理人数众多的军队，能够像管理人数很少的军队那样应付自如，这是由于军队的编制和组织合理；指挥大部队作战能够像指挥小部队作战那样得心应手，这是由于旌旗鲜明，号令严肃；能使整个部队受敌而不致溃败，这是由于善于运用奇正结合的战术；对敌军进攻能够像以石击卵那样一触即溃，关键在于以实击虚。

【原文】

凡战者，以正合[1]，以奇胜[2]。故善出奇者[3]，无穷如天地[4]，不竭如江河[5]。终而复始[6]，日月是也；死而复生[7]，四时是也。声不过五[8]，五声之变[9]，不可胜听也[10]；色不过五[11]，五色之变，不可胜观也；味不过五[12]，五味之变，不可胜尝也。战势不过奇正[13]，奇正之变，不可胜穷也[14]。奇正相生[15]，如循环之无端[16]，孰能穷之？

【注释】

〔1〕以正合：正，这里是指正兵，正道。合，会合、交合。这里是指合战、交战。

〔2〕以奇胜：奇，奇特。这里是指奇兵、奇计。以奇胜：以奇兵取胜，出奇计制胜。

〔3〕善出奇者：善于出奇兵或奇计的人。

〔4〕无穷如天地：无穷，没有穷尽、没有止境。无穷如天地：像天地运行一样，没有止境。

〔5〕不竭如江河：竭，枯竭。不竭如江河：像江河的水那样长流不息，不会枯竭。

〔6〕终而复始：终，终结。始，开始。终而复始：这里是说，日月运行去而复来。

势篇

战国错金银青铜虎噬鹿器座　出土于灵寿城与中山国王陵。刻画一只老虎正跪伏吞食鹿的情景。

〔7〕死而复生：死，死亡。生，生长。死而复生：这里是说春夏秋冬四季的变化有盛有衰，盛而又衰，衰而又盛。

〔8〕声不过五：声，声音。五，这里指的宫、商、角、羽、徵五种音调。声不过五：声调不过五种。

〔9〕五声之变：宫、商、角、羽、徵五种音调的变化。

〔10〕不可胜听：胜，这里作"尽"解。不可胜听：这里是指听不尽的音乐。

〔11〕色不过五：色，这里是指红、黄、青、黑、白五种基本颜色。色不过五：这里是指自然界基本颜色不过红、黄、青、黑、白五种。

〔12〕味不过五：味，滋味。味不过五：这里是指一切食物都不过是酸、辛、咸、甘、苦五种基本滋味。

〔13〕战势：势，态势。战势：这里是指因具体的兵力部署和作战方法而形成的战争态势。

〔14〕胜穷：完全穷尽。

〔15〕奇正相生：正兵与奇兵相互依存、相互作用、相互转化。

〔16〕循环之无端：循环，循历其环。循环之无端：像循历其环一样，是没有首尾、没有止境的。

【译文】

大凡用兵作战，都是以正兵迎敌，奇兵取胜。善于出奇兵的人，其战法的变化，如同天地运行一样，永不止息；也像江河水流一样，永不枯竭。终而复始，这是日月运行的规律；衰而复盛，这是四时更迭的法则。音调不过是宫、商、角、羽、徵五种，但用这五音编制了各种各样的音乐，却是听不尽的；基本的颜色不过红、黄、青、黑、白五种，但用这五色配合而成各种各样的色彩，却是看不尽的；基本的味觉不过酸、辛、咸、甘、苦五种，但用这五味调和而成各种各样佳肴美味，却是尝不尽的；战争的态势不过是奇正两种，但这奇正运用的变化却是没有穷尽的。奇与正相互依存，相互转化，就像循环那样无首无尾，谁又能穷尽它呢？

【原文】

激水之疾[1]，至于漂石者[2]，势也[3]；鸷鸟之疾[4]，至于毁折者[5]，节也[6]。是故善战者，其势险[7]，其节短[8]。势如彍弩[9]，节如发机[10]。

【注释】

〔1〕激水之疾：激水，湍急之水。疾，迅猛。激水之疾：像流速很快的湍急之水那样迅猛有力。

〔2〕漂石：漂，漂流。漂石：把石头漂走。

〔3〕势也：这里的"势"，是指一种居高临下的具有巨大冲击力的态势。

〔4〕鸷（zhì）鸟之疾：鸷鸟，一种很凶猛的鸟，如鹰、鹫之类。疾，快速，猛烈。鸷鸟之疾：像鹰鹫那样快速猛烈。

〔5〕毁折：毁伤、杀死。

〔6〕节也：这里的"节"，是指的时机、关节。

〔7〕势险：形势（态势）险峻。

〔8〕节短：时机短促。

〔9〕彍（guō）弩：彍，张开。彍弩：张开的弩箭。

〔10〕发机：机，机纽。发机：扳动机纽。这里是指扳动弩箭的机纽，让弩箭瞬间射出。

【译文】

湍急的流水冲击力之猛，足以漂走石头，那是由于水流迅猛的"势"造成的；鸷鸟从高空往下猛烈搏击，以致能捕杀鸟雀，那是由于抓住了时机。所以说，善于作战的人，他们造成的态势总是十分险峻，他们抓住的时机总是非常短促。他们造成的态势就像已经张开的弓弩一样，险恶异常。他们抓住的时机就像正要用手扳动机纽一样，瞬间即发。

【原文】

纷纷纭纭[1]，斗乱而不可乱也[2]；浑浑沌沌[3]，形圆而不可败也[4]。

【注释】

〔1〕纷纷纭纭：纷纷，紊乱的样子。纭纭，多而乱的样子。纷纷纭纭：多则紊乱。

〔2〕斗乱而不可乱：斗乱，指在纷乱的状态中作战。斗乱而不可乱：这里的意思是说，在人数众多又纷乱的状态中作战，却能使自己的部队保持一定秩序而不被打乱。

〔3〕浑浑沌沌：混乱迷蒙不清的样子。

〔4〕形圆而不可败也：形圆，即圆形。这里是指的一

种圆形阵式。形圆而不可败也：意思是说，由于采用圆形阵式，故能首尾相接，运动自如，不致失败。

【译文】

在旌旗纷飞，人马混杂的情况下指挥作战，要能使自己的部队保持一定的秩序，而不致混乱；在兵如潮涌、混乱不清的状态下组织战斗，要能使自己的部队首尾相接，圆运自如，而不会被打败。

【原文】

乱生于治[1]，怯生于勇[2]，弱生于强[3]。治乱，数也[4]；勇怯，势也[5]；强弱，形也[6]。故善动敌者[7]，形之，敌必从之[8]；予之，敌必取之[9]。以利动之[10]，以卒待之[11]。

【注释】

[1] 乱生于治：乱，混乱。治，治理。引申为严格有序的管理。乱生于治：这里的意思是说，能够示敌以乱是来源于严格有序的军事训练和军事管理。

[2] 怯生于勇：怯，怯弱，畏怯。勇，勇敢。怯生于勇：这里的意思是说，能够示敌以怯是来源于将士们有勇敢顽强的素质。

[3] 弱生于强：弱，懦弱，羸弱。强，强大。弱生于强：这里的意思是说，能够示敌以弱是来源于军队有强大的实力。

[4] 治乱，数也：数，这里是指的"分数"，即军队的编制和组织。治乱，数也：这里的意思是说，军队的治或乱是由军人的编制和组织是否合理决定的。

[5] 勇怯，势也：这里是指士卒的勇敢或畏怯，是由战争态势的有利或不利决定的。

[6] 强弱，形也：这里是指军队战斗力的强大或弱小是由双方的实力显现的。

[7] 善动敌者：动，调动。善动敌者：这里是指那些善于用计"调动"敌军的将领。

[8] 形之，敌必从之：形之，指示敌以形。形之，敌必从之：这里的意思是说，只要通过伪装，示敌以形，敌军便会跟着走。

[9] 予之，敌必取之：予之，这里是指给予敌军以"利"。予之，敌必取之：这里的意思是说，只要伪装给予敌军以"利"，敌军便来夺取。

[10] 以利动之：这里是指以利益调动敌军。

[11] 以卒待之：卒，这里泛指军队。以卒待之：这里是指以重兵等待敌军到来，以便歼灭它。

【译文】

能够示敌以乱,是出自自己的军队有严密的军事管理;能够示敌以怯,是来源于本军将士们有勇敢的素质;能够示敌以弱,是来源于本军有强大的实力。治与乱,这是由军队的编制和组织决定的;勇与怯,这是由军队所处的态势决定的;强与弱,这是由军队的实力决定的。所以,善于"调动"敌军的人,只要以伪装示形于敌军,敌军便会跟着跑;只要伪装给予敌军以"利",敌军便必然会来夺取。他们就是这样用"利"去引诱、"调动"敌军,并以重兵等待他们,予以歼灭之。

【原文】

故善战者,求之于势[1],不责于人[2],故能择人而任势[3]。任势者,其战人也[4]。如转木石[5]。木石之性,安则静[6],危则动[7],方则止[8],圆则行[9]。故善战人之势,如转圆石于千仞之山者[10],势也。

【注释】

〔1〕求之于势:求,祈求。势,态势。求之于势:祈求于有利的态势。

〔2〕不责于人:责,责备、苛责。不责于人:这里是指不苛责于部属与士卒。

〔3〕择人而任势:择,选择、挑选。任势,利用或创造形势(态势)。择人而任势:挑选人才去利用和创造有利的态势。

〔4〕战人:这里是指指挥军队与敌人作战。

〔5〕转木石:滚动木头与石头。

〔6〕木石之性,安则静:性,性质。安,安稳。木石之性,安则静:木头与石头的性质是把它们放在平坦安稳的地方,它们就能静止不动。

〔7〕危则动:危,危险。这里是指险峻陡峭的地方。危则动:这里是说,把木头或石头放在险峻陡峭的地方,它们就会滚动,而且势不可挡。

〔8〕方则止:方,方形。方则止:方形的物体总是静止不动的。

〔9〕圆则行:圆,圆形。圆则行:圆形的物体总是要行走、滚动的。

〔10〕转圆石于千仞之山:仞,我国古代衡量高度的标准,1仞为7尺。转圆石于千仞之山:从高达千仞的山顶向下滚动圆石,那力量是不可阻挡的。

【译文】

所以说,善于用兵打仗的人,总是重视造成一种必胜的态势,而不苛责于下属。所以他们能够选择人才去利用和创造必胜的态势。能够利用和创造必胜态势的人，他们打起仗来，就像转动木石一样。木石的性质是放在平坦安稳的地方就静止不动，而一旦放在险峻陡峭的地方，就会往下冲滚，势不可挡。而这也正是所谓的"势"啊！

【战例】

官 渡 之 战

官渡之战发生在东汉末年三国鼎立局势形成之前。当时，东汉王朝已经名存实亡，各地、州豪强官吏以镇压黄巾起义为名占据地盘，扩大、发展势力范围，形成了许多大大小小的割据势力。这些割据势力之间连年争战，互相兼并，全国上下出现了军阀混战局面。

当时割据武装集团主要有：河北的袁绍、兖豫的曹操、徐州的吕布、扬州的袁术、江东的孙策、荆州的刘表、幽州的公孙瓒、南阳的张绣，等等。在这些割据武装势力中，袁绍与曹操的势力较强。袁绍出身于世代官僚地主家庭，人称"袁氏四世三公"（三公：当时掌握最高军政大权的三个官——太尉、司徒、司空，袁氏四代都做这三个官，故称"四世三公"）。他是东汉末年官僚大地主的代表人物，在195年，袁绍经过几番征战，已经占有冀州、青州、并州、幽州，是一股地广兵多、势力较强的割据力量。

曹操出身于官僚地主家庭。184年，他参加了镇压黄巾军起义，后升为西园新军的典军校尉。他曾经参加反对董卓之战，并投靠于袁绍。在镇压黄巾起义的战斗中，曹操组成并发展了自己的武装力量，与袁绍势力分离。至196年，曹操已占有了兖州、豫州地区，成为黄河以南的一支较强的割据势力。

曹操与袁绍两大割据集团，到199年夏，大致形成了沿黄河下游南北对峙的局面。袁绍在击败了河北的公孙瓒后，就已将整个河北地区都控制在自己的手中，为了进一步称霸中原，袁绍准备南下与曹操决战。当时，袁绍拥军十万，具有较强的实力；曹操不仅兵力不如袁绍众多，且南面有荆州刘表、江东的孙策与他为敌，处于不利的地位。但是曹操客观地分析了袁绍兵多但内部不团结，而且袁绍性格疑忌，骄傲轻敌，常常贻误有利战机，决定以自己所能集中的近万兵力抗击袁绍的进攻。200年，袁、曹两军在官渡作战。在这场战斗中，曹操善于捕捉战机，能够根据战场势态的发展灵活地变换战术，以正兵抵挡袁军的进攻，以奇兵袭击袁军的屯粮库，烧毁了袁军的全部粮草，使袁军军心动摇，内部分裂，最后击败了袁军，创造了中国历史上以弱胜强的著名战例。

199年，袁绍谋划南下进攻曹操的统治中心许昌。袁绍手下的谋士沮授、田丰以为袁军与公孙瓒作战三年，军队已相当疲劳，应先"务农逸民"，休养生息，以增强经济与军事力量。他们主张暂时不急于攻打曹操。但是，袁绍的另外两个谋士审配、郭图则力主马上出兵攻曹。袁绍采纳了审配、郭图的意见，挑选精兵十万，战马万匹，陈兵黄河北岸，准备伺机渡河，同曹操决战。

袁绍举兵南下的消息传到许昌，曹操手下的一些部将为袁绍表面的优势所吓倒，认为袁军强不可敌。但曹操很了解袁绍，对将士们说，袁绍野心虽大，但缺少智谋，表面上气势汹汹，而实际上谋略不足；他疑心重且忌人之能，兵虽多但组织指挥不明而且将帅骄傲、政令不一。因此，战胜他是有把握的。曹操的谋士荀彧也分析了袁绍军队的情况，认为袁军内部不团结，将帅、谋士之间矛盾重重，并非坚不可摧。曹操与荀彧的分析，增强了曹军战胜袁军的信心。曹操经过对敌我双方兵势情况的分析，决定采取以逸待劳，后发制人的战略方针。

他将主力调到黄河南岸的官渡（官渡是夺取许昌的必经之地），以阻挡袁军的正面进攻，同时派卫凯镇抚关中地区，以魏种守河内，防止袁绍从西路进犯；又派臧霸等率兵从徐州入青州，从东方钳制袁绍军队；派于禁屯守黄河南岸的重要渡口延津（今河南延津北），协助扼守白马（今河南滑县东，在黄河南岸）的东郡太守刘延，阻滞袁绍军渡河和长驱南下进攻。

建安四年（199）十二月，正当曹操布置对袁绍的作战计划的时候，刘备起兵，占领了曹操征服吕布后占驻的徐州及下邳等地，并派关羽驻守。东海及附近郡县亦多归附刘备。刘军增至数万人，并与袁绍联系打算合力进攻曹操。曹操为了避免两面作战，打算首先击破刘备。200年正月，曹操亲率精兵东击刘备，将刘备击败。当刘、曹作战时，袁绍的谋士田丰建议袁绍袭击曹军的后方。袁绍犹豫不决，没有采纳田丰的建议。因此，曹操顺利地击败了刘备，使刘备只身逃往河北投靠了袁绍，然后曹操及时返回官渡继续抵御袁绍的进攻。

200年正月，袁绍发布声讨曹操的檄文。二月，袁绍大军开进黎阳（今河南浚县东北），把这里作为指挥部，企图渡河寻求曹军主力决战。袁绍首先派大将颜良进攻白马的东郡太守刘延，夺取黄河南岸要点，以保障主力渡河。颜良率军渡过黄河，直扑白马与刘延交战。刘延在白马坚守城池，士兵伤亡严重。这时，曹操的谋士荀彧向曹操献计说：我军兵少，集结在官渡的主力也

只有三四万人，要对付袁绍众多的兵力，正面交锋恐怕不易得手，应设法分散袁绍的兵力。他提议曹操引兵先到延津，佯装要渡河攻击袁绍后方，这样，袁绍必然分兵向西；然后我军再派轻装部队迅速袭击进攻白马的袁军，攻其不备，一定可以击败颜良。曹操采用了荀彧这一声东击西之计，袁绍果然分兵增援延津。曹操见袁绍中计，立即调头率领轻骑，派张辽、关羽为前锋，急趋白马。曹军在距白马十余里路时，颜良才发现他们。关羽迅速地迫近颜良军，乘其措手不及，斩颜良于万众之中。袁军大乱，纷纷溃散。

袁绍围攻白马失败，并丧失了一员大将，十分恼怒。曹操解了白马之围之后，便沿黄河向西撤退。袁绍率军渡河追击曹操。这时沮授又谏阻袁绍说：军事上的胜负变化应仔细观察。现在最好的办法还是驻黄河北岸，分兵进攻官渡，若能攻下，大军再过河也不为晚；如果贸然南下，万一失败就有全军覆没的危险。袁绍骄傲自负，根本不听他的劝告。沮授见袁绍如此固执，便推说有病向袁绍要求辞职。袁绍不准，还把他统领的军队交给了郭图指挥。于是，袁绍领军进至延津以南，派大将文丑与刘备率兵追击曹操。曹操命令士卒解鞍放马，又故意将辎重丢弃道旁，引诱袁军。待袁军逼近争抢辎重时，曹操才令上马，突然发起攻击，打败了袁军，杀了文丑，顺利地退回官渡。白马、延津两次战斗是官渡大战的前哨战。袁军虽初战失利，但兵力仍占优势。七月，袁绍进军阳武（今河南中牟北），准备南下进攻许昌。这时沮授又劝袁绍说：我方士兵虽多，但不及曹军勇猛。曹操的粮食、物资不如我们多，速战对曹军有利而对我们不利，我们应用旷日持久的办法消耗曹军的实力。但是袁绍仍然不听。袁军于八月逼近官渡，双方在官渡相对峙。

曹军在官渡设防，想寻找时机打击袁军。九月间，曹操向袁绍军发起了一次进攻，但未能取胜。此后，曹操便深沟高垒，固守阵地。袁绍见曹军坚壁不出，便命令士兵在曹军营外堆起土山，砌起高楼，用箭射击曹军。曹营士兵来往行走都得用盾牌遮蔽身体或匍匐前进。曹操发明了一种抛发石块的车子，发射石块将袁军的壁楼击毁。袁军又挖掘地道以攻曹军，曹操则命令士兵在营内挖掘长沟来截断袁军地道。这样双方之间你来我挡地相持了大约三个月。在相持的过程中，曹操产生了动摇，他觉得自己兵少，粮食也不足，士卒极为疲劳；后方也因袁绍派刘备攻击汝南、颍川之间而不太稳定，这样长期与袁绍周旋相当危险。因此曹操便想退还许昌。他写信给留守许昌的荀彧，征求他的意见。荀彧回信建议曹操坚持下去，他指出：曹军目前处境困难，同样袁军的力量也几乎用尽，这个时候正是战势即将发生转折的时刻，也是用奇之时，不能失去即将出现的战机，这时谁先退却谁便会陷入被动。曹操听取了他的意见，一方面决心坚持危局，加强防守，命负责供给粮秣的官员想法解决粮草补给问题；另一方面则积极寻求和捕捉战机，想给袁军以有力的打击。

曹操决定以截烧袁军粮食的办法争取主动。他先派人把袁绍将领韩猛督运的数千辆粮车截获烧掉了。不久，袁绍又把一万多车粮食集中在乌巢，派淳于琼等率军守护。沮授鉴于前次粮草被烧，便建议袁绍另派一支部队驻扎在淳于琼的外侧，两军互为犄角，防止曹军抄袭。袁绍觉得此举多余，没有采纳。

袁绍的另一谋士许攸献策说："曹操兵少，集中力量与我军相持，许昌一定空虚，我们可以派一支轻骑日夜兼程袭击许都。这样可以一举拔取；即使许都拿不下来，也会造成曹操首尾不相顾，来回奔命的局面，也可以进而打败他。"袁绍却傲慢地说："不必，我一定要在此擒住曹操。"他拒绝这一出奇制胜的建议，继续与曹操相持。恰巧在此时，许攸的家属在邺城犯了法，被留守邺城的审配关押起来了。许攸一怒之下，星夜离开袁营，投降了曹操。曹操热情地迎接他。许攸见曹操重视自己，就向他介绍袁军的情况并献计说："袁绍的辎重粮草有一万多车在故氏、乌巢，屯军防备不严；如果以精兵袭击，出其不意烧掉他的粮草，不出三天，袁绍必定失败。"这时，粮食是关系到双方胜败的关键，曹操当时只有一个月的军粮，许攸的建议，正符合曹操寻找战机出奇制胜的重要一着，毫不迟疑地立即实行。他留曹洪、荀攸等守大营，自己亲率步骑五千前往攻打乌巢。

曹军一行一律改穿袁军的服装，用袁军的旗号，夜间从偏僻小道向乌巢进发。途中，他们遇到袁军的盘问，曹军诡称是袁绍为巩固后路调派的援军，骗过了袁军的盘问。到达后，他们立即放火烧粮。袁军大乱，淳于琼等仓促应战。黎明时，淳于琼见曹军人少，就冲出营垒迎战曹军。曹操挥军冲杀，淳于琼又退回营垒坚守。袁绍得知这一情况后，又做出了错误的决策。他不派重兵增援淳于琼，反而认为这是攻下官渡的好机会。他命令高览、张郃等大将领兵去攻打曹军大营。张郃指出这样做很危险，曹操领精兵攻打乌巢，如果乌巢有失，事情就不好办了。张郃主张先救乌巢。但袁绍手下的谋士郭图迎合袁绍的意图，坚决主张攻打曹营，并认为攻打曹营，曹操必定引兵回救，这样，乌巢之围就会自解。于是袁绍只派少量军队救援乌巢，而以主力攻官渡的曹营，曹营十分坚固，一时攻打不下。

曹操得知袁军进攻自己大本营的消息后，并没有马上回救，而是奋力击溃淳于琼的军队，决心将袁绍在乌巢积存的粮食全部烧掉。这时，袁绍增援的骑兵迫近乌巢，曹操左右的人请求他分兵去阻挡。曹操没有分兵，说："等敌人到了背后再报告！"这样，曹军士卒都与敌军殊死决战，最后大破淳于琼军，杀了淳于琼并将全部粮草烧毁。

乌巢粮草被烧光的消息传到袁军前线，袁军军心动摇。原来反对张郃用重兵救援乌巢主张的郭图等害怕袁绍追究自己的责任，就在袁绍面前说张郃为袁军失败而高兴。张郃遭到了中伤，既气愤又害怕，便与高览一起焚毁了攻战器具，投降了曹操。这使得袁军军心更加惶惑，军队不战自乱。这时，曹操趁机率军全面发起攻击，迅速消灭了袁兵7万多人，袁绍仓皇退回了河北。官渡之战以曹胜袁败而告结束。

官渡之战中，曹操之所以能够以弱胜强，首先在于他在谋略上高于袁绍。在袁绍以绝对优势的兵力来进攻他时，他能够客观地分析敌我双方的优势与劣势，制定出以逸待劳，后发制人的作战方针。在具体实施时，也能够抓住要害。这一点可以从曹操选择官渡作为主要战场上看得出来。曹操一开始就把主力布置在官渡，而不是沿黄河处处设防，这是因为官渡地处鸿沟上游，濒临汴水。鸿沟运河西连虎牢、巩、洛要隘，东下淮泗，为许昌北、东之屏障。因此，官渡是袁绍夺取许昌的必争之地。守住了官渡，就能扼其咽喉，使袁不得进，为反攻歼敌创造了条件。其次，曹操的胜利还在于他精通兵法，并能够灵活运用。在白马、延津前哨战中，曹操以佯攻示形于敌，调动袁军并分散了他们的兵力；在白马初战告捷领兵撤退时，能以利诱敌，以卒待敌，最后击败了袁军，顺利地退回官渡。在决战中，曹操善于听取部下的正确意见与建议，懂得在敌强我弱的形势下只有灵活地变换战术，正奇并用才能变被动为主动的道理。因此他积极创造有利于自己的战略态势，在得知袁军将全部粮草聚集在乌巢又疏于防守的信息后，一举烧毁了袁军的全部粮草，为主力部队战胜敌军奠定了坚实的基础。

官渡之战是孙子兵法所说用兵作战"以正合，以奇胜"的极好印证。

从官渡之战袁绍失败的原因上，也能从反面印证《孙子兵法·势篇》中要点的合理性与正确性。袁绍的失败，败在他不知择人而任势，不懂战术的变换。他只知正面作战，不懂正奇并用；同时又骄傲自负，不能听取下属的正确意见，以至于常常坐失良机，最后将原有的兵力优势丧失殆尽。官渡之战中的这些经验与教训，至今仍可给我们以深深的启迪。

耿弇平定胶东

光武帝刘秀推翻王莽"新"政权后，派建威大将军耿弇（yǎn）平定胶东张步的割据势力。耿弇率兵在西安（今山东临淄县西北）与临淄之间的画中驻扎下来。

当时，守护西安的是张步的弟弟张蓝，有精兵两万；防守临淄的军队则有一万余人，西安城小，临淄城大。耿弇的部将荀梁建议耿弇先攻取西安，他的理由是，攻取临淄，张蓝必定前去增援；如攻打西安，临淄军则不敢轻举妄动。耿弇说："张蓝是否增援，取决于我们如何调动他。西安城小，但异常坚固，且有重兵防，我军攻城，必然要付出大的伤亡，即使攻破西安，张蓝逃走，也是对我军的威胁。临淄虽大，兵力弱，我军攻下临淄，西安就是孤城一座，何愁不破！"

长信宫灯　汉代，出土于河北省满县。高46厘米，通体鎏金。现藏河北博物院。

耿弇统一了诸将的意见，积极筹备攻取临淄，同时又放出风声，五天后攻取西安！张蓝闻报后，调兵遣将，日夜加强西安的防护。到了第四天，耿弇率领大军于五更时分突然出现在临淄城下，仅用半天时间就攻下临淄。张蓝见状，果然担心孤城难守，竟率军逃出西安投奔张步，将一座坚固的城池白白扔给耿弇。

张步眼见自己连连失利，倾尽所有，亲率二十万大军与耿弇一决死战。耿弇兵微将寡，自知不可与张步硬拼，只可智取，便将主力隐蔽在临淄城后，又命刘歆、陈牧二将引兵于临淄城下，然后亲自出马引诱张步出击。张步欺耿弇兵少，恨不得一口把耿弇吞掉。耿弇且战且退，张步则步步紧追，看看追到临淄城下，刘歆、陈牧二将奋勇杀上，与张步纠缠在一起，隐蔽在城后的耿弇主力大军则突然向张步的侧翼发起猛攻，张步慌忙回师，损失惨重。

张步遭到重创，士气低落，遂决定撤回老巢剧县（今山东昌乐西北）。不料，耿弇探知张步的行动，预先设下埋伏，待张步退至埋伏圈时，伏兵骤然杀出。张步的士卒已成惊弓之鸟，闻风丧胆，耿弇乘胜追击，直取剧县，又追赶张步至平寿，逼迫张步投降，胶东从此平定。

六 虚实篇

【提要】

本篇主要阐述作战中的虚实原则,特别是避实就虚,以实击虚的原则。这里所谓的"虚"主要是指的兵力虚,防卫虚;而所谓"实"则主要是指的兵力实(兵力集中),攻击实(攻击有力)。全篇内容着重强调:实行虚实原则的根本关键是牢牢掌握战场的主动权,使敌军受制于我,而我却不受制于敌。为此,必须具备两个基本的前提条件:一是我军先于敌军进入战地,以形成以逸待劳的态势。二是善于运用"利"与"害"引诱,"调遣"敌军,使之受我牵制而由逸变劳,由饱变饥,由安变动,从而为我军避实就虚,以实击虚提供可乘之机。并提出论述关于虚实原则的基本方法。这就是:(1)就一般军事行动来说,我军无论是出兵,进击,乃至于长途进军,都应避敌之实,就敌之虚,出敌所不意,即所谓"出其所不趋,趋其所不意"。(2)就攻守的态势来说,应该是避实就虚,以实击虚。(3)就运用兵力来说,应是以我军相对集中的优势兵力,攻击兵力相对分散之敌。(4)以上这些,都必须以"形人而我无形"为基本方法。

【原文】

孙子曰:凡先处战地而待敌者佚[1],后处战地而趋战者劳[2]。故善战者,致人而不致于人[3]。能使敌人自至者,利之也[4];能使敌人不得至者,害之也。故敌佚能劳之[5],饱能饥之,安能动之[6]。

【注释】

〔1〕待:等待。佚:安佚、从容。
〔2〕趋战:趋,快步而行。趋战:仓促应战。
〔3〕致人而不致于人:致,招致。人,这里是指"敌人"。致人,招致敌人,可引申为调动敌人。致于人,被敌人所调动。致人而不致于人:这里的意思是说,能调动敌人而自己却不被敌人所调动。
〔4〕利之也:对之有利。这里是说对敌人有利。
〔5〕敌佚能劳之:劳,辛劳、疲劳。敌佚能劳之:这里的意思是说,敌人本来安逸却能使他变得疲劳。
〔6〕安能动之:安,安稳。这里是指敌军安守营寨。动,行动。这里可引申为出

战。安能动之：这里的意思是说，敌军本来安守营寨，却能使他们转而出战。

【译文】

孙子说：用兵打仗的一般规律是，先进入战地等待敌人，就会显得安逸从容，后进入战地仓促应战，就会非常疲劳。所以，善于用兵的人，表现出的特点之一，便是能"调动"敌人而不致被敌人所"调动"。他们之所以能使敌军自己到来，是因为诱之以利；之所以能使敌军不敢到来，是因为威之以害。正是由于这个原因，所以，安逸的敌军可以使他变得很疲劳；饱食的敌军可能使他变得很饥饿；安守不动的敌军可以使他转而出战。

秦始皇陵兵马俑·跪射俑　出土于秦始皇陵兵马俑弩兵方阵中心。身穿齐膝长襦，外披铠甲，头绾圆形发髻。目视前方，双手做持弓弩状。

【原文】

出其所不趋[1]，趋其所不意[2]。行千里而不劳者，行于无人之地也；攻而必取者，攻其所不守也；守而必固者，守其所不攻也。故善攻者，敌不知其所守[3]；善守者，敌不知其所攻。微乎微乎[4]，至于无形[5]；神乎神乎[6]，至于无声，故能为敌之司命[7]。

【注释】

〔1〕出其所不趋：出，这里是指出兵、出击。趋，趋向、疾趋。出其所不趋：这里的意思是说，我军出击的地方是敌军无法救援的地方。

〔2〕趋其所不意：趋，疾走。这里引申为奔袭。意，意料。趋其所不意：这里的意思是说，我军奔袭之处，出乎敌方意料之外。

〔3〕不知其所守：守，防守。不知其所守：这里是指敌军不知道应在哪里防守。

〔4〕微乎：微，微妙。乎，语气词。

〔5〕无形：形，形踪。无形，没有形踪或不留形踪。

〔6〕神乎：神，神奇。乎，语气词。

〔7〕为敌之司命：司命，命运的主宰。为敌之司命：这里的意思是说，能主宰敌军，指挥敌军。

【译文】

我军出击之处应是敌军无法救援的地方，我军发起奔袭应能出于敌方意料之外。行军千里而不致劳累，是因为行进在敌军没有设防的地区；我军进攻必能成功，是因为攻打的是敌军防守空虚的区域；我军防守必能坚固，是因为守的是敌军无力攻取的地方。所以，善于进攻的人，能做到使敌军不知道该从哪里加强防守；善于防守的人，能做到使敌军不知道应从哪里组织进攻。微妙呀，微妙呀，微妙到以至于敌人看不到一点形迹；神奇呀，神奇呀，神奇到以至于敌军听不到一点声音，只有这样，才能成为敌军命运的主宰。

【原文】

进而不可御者[1]，冲其虚也[2]；退而不可追者，速而不可及也。故我欲战，敌虽高垒深沟[3]，不得不与我战者，攻其所必救也[4]；我不欲战，画地而守之[5]，敌不得与我战者，乖其所之也[6]。

【注释】

〔1〕进而不可御：进，进攻。御，防御、抵挡。进而不可御：我军进攻而敌军无法抵挡。

〔2〕冲其虚：冲，冲击。虚，空虚。这里是指防守薄弱。冲其虚：冲击敌军防守空虚、薄弱之处。

〔3〕高垒深沟：垒，壁垒。沟，壕沟。高垒深沟：很高的壁垒和很深的壕沟。

〔4〕攻其所必救：救，救援。攻其所必救：我军进攻的地方正是敌方必定要救援的地方。

〔5〕画地而守：画，界线。画地，画出界线。画地而守：据地而守。

〔6〕乖其所之：乖，背离。之，往、去到。乖其所之：把敌军引到别的方向，与它预定的企图相反。

【译文】

我军发起进攻，之所以不可抗御，是因为攻的是敌军防守空虚的地方；我军撤退之所以不会被追击，是因为行动迅速，敌军无法追赶到。所以说，我军想出战，敌军主力即便修筑了高垒深沟，也不得不出来与我军交锋，这是因为我军进攻的是敌军必须救援的地方；相反地，如果我军不想战，哪怕是画了一块地方在那里防守，敌军也不会来进攻，这是因为我军诱使敌军搞错了进攻的方向。

【原文】

故形人而我无形[1],则我专而敌分[2]。我专为一[3],敌分为十,是以十攻其一也[4],则我众而敌寡。能以众击寡者,则吾之所与战者,约矣[5]。

【注释】

[1] 形人而我无形:形,形迹,意思是使现形迹。人,指敌人、敌军。形人而我无形:使敌军暴露形迹而我军却不暴露形迹。

[2] 我专而敌分:专,集中。分,分散。我专而敌分:我军兵力集中而敌军兵力分散。

[3] 我专为一:一,这里指一起,一处、一个地方。我专为一:我军集中到一处。

[4] 以十攻其一:以十攻一。

[5] 约:很少。

【译文】

所以,尽力设法使敌军暴露形迹而使我军的行迹隐蔽得无影无踪,这样,我军便可以集中兵力而使敌军分散兵力。我军兵力集中为一处,敌军兵力分散为十处,是以十攻其一,从而形成我众敌寡的优势。既然是以众击寡,那么,我军正面攻击的敌军数量就是很少的了。

【原文】

吾所与战之地不可知[1],不可知,则敌所备者多[2],敌所备者多,则吾所与战者[3],寡矣。故备前则后寡[4],备后则前寡,备左则右寡,备右则左寡,无所不备,则无所不寡[5]。寡者[6],备人者也[7];众者[8],使人备己者也[9]。故知战之地,知战之日,则可千里而会战[10];不知战地,不知战日,则左不能救右,右不能救左,前不能救后,后不能救前,而况远者数十里,近者数里乎?

【注释】

[1] 吾所与战之地不可知:所与战,所与之作战。即指我军将要与敌军作战。不可知,指敌方不可知。吾所与战之地不可知:敌方不知道我军将会在什么地方

与他们作战。

〔2〕敌所备者多：备，准备、防备。指兵力防备。多，这里是指的多处、多方面。敌所备者多：敌方为防备我军进攻，就会在多处布置兵力。

〔3〕吾所与战：所与战，所与之作战。

〔4〕备前则后寡：用兵力防备了前面，后面的兵力便少了。

〔5〕无所不寡：没有哪个地方兵力不会少。

〔6〕寡者：之所以寡，指兵力少的原因。

〔7〕备人者也：备人，防备别人。备人者也：被动地防备敌人。

〔8〕众者：众，众多。众者：兵力众多。

〔9〕使人备己：使别人防备自己。使敌军防备我军。

〔10〕千里而会战：奔赴千里与敌交战。

【译文】

要做到使敌军不知道我军会在哪里同他们作战，这样，敌军就会因多处设防而分散兵力，因而我军进攻所面临的敌军兵力便会减少。所以说，敌军使用兵力防御了前面，后面的兵力便会减少；使用兵力防御了后面，前面的兵力便会减少；使用兵力防御了左面，右面的兵力便会减少；使用兵力防御了右面，左面的兵力便会减少；无处不设防，便会无处兵力不减少。兵力少，是因为处处要被动地防备别人；兵力多，是因为主动地设法使得敌军处处要防备自己。所以说，只要能够知道应该在什么地方作战，应该在什么时候作战，哪怕是千里奔袭也无所畏惧；相反，如果既不知应该在什么地方作战，又不知道应该在什么时候作战，那就会陷入左军不能救援右军，右军无法救援左军，前军不能救援后军，后军无法救援前军的被动局面；更何况远隔数十里，近隔数里，又怎能主动自如地运用兵力呢？

【原文】

以吾度之，越人之兵虽多〔1〕，亦奚益于胜败哉〔2〕？故曰：胜可为也〔3〕。敌虽众，可使无斗〔4〕。

【注释】

〔1〕越人之兵虽多：越人之兵，指越国的军队。孙武曾被吴王阖闾任命为将，当时吴国与越国正在争雄。所以他说越人之兵虽多。

〔2〕奚益于胜败：奚，为何、何有。益，益处。奚益于胜败：对作战的胜败没

有什么帮助。

〔3〕胜可为：可为，可以有所作为，也就是可以努力争取到。胜可为：打胜仗是可以努力争取的。

〔4〕可使无斗：斗，战斗、较量。无斗，无法参加战斗较量。可使无斗：可以设法使得敌军没有机会与我军作战。

【译文】

依我的分析，越国军队数量虽然多，但对于作战取胜又能起什么帮助呢？所以说，胜利是可以努力争取的。敌军虽然很多，却可以使得他们没有机会与我军主力交锋。

【原文】

故策之而知得失之计[1]，作之而知动静之理[2]，形之而知死生之地[3]，角之而知有余不足之处[4]。

【注释】

〔1〕策之而知得失之计：策，策度、策算。得失之计，指敌方计谋的得与失。策之而知得失之计：经过策度、策算，了解到敌方计谋的得失优劣。

〔2〕作之而知动静之理：作，动作，这里是指挑动。理，规律。作之而知动静之理：用一些诈术挑动，以了解敌军活动的规律。

〔3〕形之而知死生之地：形，这里作动词用，示形于敌。形之而知死生之地：通过示形于敌，以了解敌军所处的优势和致命的薄弱环节。

〔4〕角之而知有余不足之处：角，较量。有余不足，指敌方兵力的有余或不足，也就是兵力的强弱。角之而知有余不足之处：能通过试探性的较量，以了解敌方兵力的强弱。

【译文】

所以，用兵打仗要通过认真的策度筹算来了解敌方计谋的得与失；要通过诈术挑动来了解敌军活动的规律；要通过示形于敌来了解敌军所处的优势及其致命的薄弱环节；要通过试探性的较量来了解敌军战斗力的强弱。

【原文】

故形兵之极[1]，至于无形；无形则深间不能窥[2]，智者不能谋[3]。因形而错胜于众[4]，众不能知[5]。人皆知我所以胜之形^[6]，而莫知吾所以制胜之形^[7]。故其战胜不复^[8]，而应形于无穷^[9]。

【注释】

〔1〕形兵之极：形兵，伪装示形于敌之兵。极，极点。形兵之极：我军伪装示形于敌达到了最佳状态。

〔2〕无形则深间不能窥：深间，深藏的间谍。窥，窥见。无形则深间不能窥：我军伪装到了不露任何形迹的最佳状态，以至于深藏在我军内部的敌方间谍也无法窥见我军的行止。

〔3〕智者不能谋：智者，聪明的人。这里是指精明能干将领。谋，计谋。智者不能谋：最精明能干的将领也会束手无策。

〔4〕因形而错胜于众：因，依据。形，形势、情况。错，措施、措置。因形而错胜于众：依据敌方的情况，采取灵活的措施，取得了胜利，并使这胜利呈现在众人面前。

〔5〕众不能知：众人不能明白。

〔6〕皆知我所以胜之形：形、形态、形状，这里指外在的作战方法。皆知我所以胜之形：都知道我军取得胜利的作战方法。

〔7〕莫知吾所以制胜之形：制胜，取得胜利。形，这里是隐形，也就是内在的奥妙。莫知吾所以制胜之形：这里的意思是指，不知道我军所以能够克敌制胜的奥妙。

〔8〕战胜不复：战胜，这里作名词用，指战胜敌人的手段。战胜不复：不重复使用克敌制胜的手段。

〔9〕应形于无穷：应，适应。形，形势，这里可作"敌情"解。应形于无穷：战术应适用敌情的变化无穷。

【译文】

所以，我军伪装示形要达到不显露一点形迹的最佳状态，以至于深藏在我军内部的间谍也无法窥见底细，使得最精明的敌军将领也会束手无策。我军根据敌情，灵活地采取对敌措施取得了成功，即便是把胜利摆在众人面前，人们也看不出所以然来。人们只知道我军克敌制胜的作战方法，却不能知道我军所以能取得胜利的奥妙。因为每一次作战取胜所采用的战法都不是简单的重复，而是适应不同的敌情灵活运用，变化无穷的。

【原文】

夫兵形象水^[1]，水之行，避高而趋下；兵之形，避实而击虚。水因地而制流^[2]，兵因敌而制胜^[3]。故兵无常势[4]，水无常形。能因敌变化而取胜者，谓之神[5]。故五行无常胜[6]，四时无常位[7]，日有短长[8]，月有死生[9]。

铜马　秦始皇陵一号铜车马最右侧驾车。

【注释】

〔1〕兵形象水：兵，用兵打仗。形，形式，引申为规律。兵形象水：用兵的规律就如同水流的规律一样。

〔2〕水因地而制流：因，依。地，地势。制，决定，形成。流，流向。水因地而制流：水是依地势的高低而形成不同的流向。

〔3〕兵因敌而制胜：敌，敌情。兵因敌而制胜：用兵打仗因敌情的变化而决定夺取胜利的方法。

〔4〕兵无常势：常势，恒常之势、一成不变的态势。兵无常势：用兵打仗，没有一成不变的态势。

〔5〕神：神奇。

〔6〕五行无常胜：五行，指金、木、水、火、土。五行无常胜：意思是说，金、木、水、火、土没有哪一样是永恒占优势的。

〔7〕四时无常位：四时，指春、夏、秋、冬。四时无常位：春、夏、秋、冬四季总是相互接送，没有哪一季是常驻不动的。

〔8〕日有短长：日，这里是指白天。日有短长：一年之中的白天有的长，有的短。

〔9〕月有死生：死生，这里指月亮的盈亏。月有死生：月亮在一月之中也有盈有亏。

【译文】

用兵打仗的规律就像水流的规律一样，水流的规律是避开高处流向低处；用兵的规律则是避开敌军的坚实之处，攻击其空虚之处。水因地势的高低而决定其流向，用兵打仗则是要根据敌情来决定取胜的方法。所以说，用兵没有一成不变的方式，水流也没有固定不变的形态；能够根据敌情的变化采取措施夺取胜利，就是所谓的"用兵如神"。所以说，五行相生相克，没有哪一"行"永远占优势；四季迭相更替，没有哪一个季节是永驻不动的。一年之中的白天，有的长，有的短；一月之内，月亮也会有盈有亏啊！

【战例】

诸葛亮巧设空城计

诸葛亮派马谡驻守街亭，由于马谡缺乏实战经验，又盲目自信，以致蜀军大败，街亭失守。

诸葛亮闻知街亭失守后，赶紧布置了全军速撤的计划。司马懿带领十五万大军前来攻击。当时，关兴、张苞、马岱等武将全部分派出去，诸葛亮身边只剩下了五千兵，退到蜀军囤积粮草的西城时，他又分出二千五百人搬运粮草，只留下二千五百人。根本无法抵挡来势汹汹的魏军。

诸葛亮身边只有一班文官，众人听到这个消息大惊失色。诸葛亮登上城墙远远望去，只见烟尘冲天，魏兵分两路向西城县杀来。诸葛亮明白此时不能慌乱，否则全军难以保全。因此，他若无其事地走下城，传令将旌旗都从城上拔下收起，诸军各守营寨，禁止擅自出入和大声说话。又命令：四面的城门全部打开，每个城门口都派出二十名士兵，装扮成老百姓，洒水、扫街。当魏兵来到时，不要惊慌，不要逃跑。一切安排妥当，诸葛亮又披上鹤氅，围好丝制的头巾，带着两个小书童，搬来一架琴，登上了城头。诸葛亮在城楼上从容镇定地坐下，悠悠扬扬地弹起琴来。

司马懿得到情报后，命令军队停止前进，亲自到阵前观看，只见西城城楼之上，诸葛亮笑容可掬，焚香弹琴。两个童子，一个在左，手捧宝剑；一个在右，手挥拂尘。幽雅的琴声，在突然静下来的战场上空悠扬地回荡着。城门口有大约二十名百姓，低着头，认真地洒水扫地，没有丝毫敌兵压境的惊慌气氛。司马懿越看越怀疑、越害怕。急忙命令军队向北山山路撤退。

城头的诸葛亮，脸上泰然无事，实际上也很紧张。他看司马懿撤退了，不由得拍手笑了起来。城里的文官们看到这种情况，无不又惊又喜。诸葛亮对众人解释说，司马懿了解他生平从来不肯冒险行事，今天见他稳坐城头，城门洞开，担心城中有埋伏，于是撤兵。诸葛亮之所以冒险一搏是因为自己只有二千五百人，敌人是十五万大军，如果弃城而逃，走不了多远就会被人家追赶上，那样大家都会被捉。之后诸葛亮马上下令：向汉中全速撤退！

于是，留下了一段空城智退司马懿的佳话。孔明设空城，智退司马懿。

徐敬业兵败高邮

　　武则天罢免当朝皇帝中宗，自己正式独揽大权，引来唐室旧人的起兵讨伐，徐敬业就是其中一支。徐敬业在起兵后，势力不断壮大，魏思温劝他直攻洛阳。徐敬业以拥护皇帝复位为号召，如果直攻洛阳，可获各方响应支持；如果窝在江南，无法造势用势，军事力量将难以拓展。但是薛仲璋却认为金陵有王气，而且长江形成的天险，足以巩固霸业，因此应先拿下常、润两州，作为霸业的基础，然后北上，图谋中原，如此进攻，退可守，是上上之策。

　　徐敬业没有采纳魏思温的建议，而是听从了薛仲璋的建议，另外派人防守江都大本营，自己则率兵渡过淮河攻打润州，虽然很快就攻下，但李孝逸领导的政府军随后也直逼徐军的大本营而来。徐敬业立即回师准备迎敌，把所有兵力分守三大据点，分别是韦超、尉迟昭进驻都梁山，徐敬猷守淮阴，他自己则进驻高邮。李孝逸出兵后，不知道先攻打哪一个据点，几乎所有的将领都主张分出一部分兵力包围据守险要地形的韦超，主力部队直扑徐敬业的大本营江都。补给官薛克杨却认为韦超虽然据守险要，但兵力不强。如果派出一部分兵力包围他们，假使派得多，主力部队相对就减弱，假使派少了，又不见得能长久守得住。故主张全力进攻，击败都梁山的韦超后，防守淮阴的徐敬猷和高邮的徐敬业。

　　李孝逸的部下大部分认为，应该直接攻打徐敬业，徐敬业一败，实力较弱的徐敬猷不战自败。反之若先打徐敬猷，徐敬业率兵救援，唐军势必腹背受敌。而他手下的大将魏元忠却不同意他们的看法，他认为由徐敬业亲自领军，镇守在高邮的军队，是精锐之师，但他们临时凑合在一起，一次决定性的会战，对敌军有利，但己方万一失利，大势就难以挽回。至于徐敬猷，是个赌徒，不熟悉战事，军队最弱，军心容易动摇，很容易攻破。徐敬业也来不及救援，自己一方乘胜追击，即使韩信、吴起再世，也抵挡不了。不先攻弱者（徐敬猷），却贸然打强者（徐敬业），这是相当不智的。

　　李孝逸最后接受薛克杨和魏元忠的意见，率军进军韦超，韦超乘夜逃走，再攻打徐敬猷，大获全胜，只剩下徐敬业的主力部队了。李孝逸多次出击，攻打徐敬业，都没有成功，就打算退兵。此时魏元忠等人发现气候干燥，适合火攻，而徐敬业大军布阵已久，疲劳尽露，军心涣散。因此，李孝逸采取火攻，大败徐敬业的军队，杀死七千多人，又淹死很多人，徐敬业战败逃跑被杀。

七　军争篇

【提要】

　　本篇主要阐述在两军对垒中,为将者必须把握的基本战略和战术,但着重又是论述"以迂为直,以患为利"的"迂直之计"。它是对正奇结合、出现制胜和虚实结合、以实击虚原则的进一步引申与概括。

　　文章开篇首先提出两军对战,最难掌握的是实行"以迂为直,以患为利"的"迂直之计"。接着分析实行"迂直之计"既有其有利一面,又有很大的危险。这危险主要有三:一是"举军而争利,则不及"。二是"委军而争利,则辎重捐"。三是"卷甲而趋,日夜不处,倍道兼行",则可能因士兵体力不支而有程度不同的人掉队,以致酿成损兵折将的败绩。最后提出实行"迂直之计"必须掌握的三条基本作战原则:不了解敌国的计谋,不能与之交战;不了解地形险阻,不可以轻易行军;没有当地的向导,不应深入敌国。

【原文】

　　孙子曰:凡用兵之法,将受命于君,合军聚众[1],交和而舍[2],莫难于军争[3]。军争之难者,以迂为直[4],以患为利[5]。故迂其途,而诱之以利[6],后人发[7],先人至[8],此知迂直之计者也。

【注释】

　　〔1〕合军聚众:合,集合、结集、会集,这里可引申为组织编制。聚,聚集。合军聚众:按曹操注:"聚国人,结行伍。"意思是说把人们聚集起来,组成军队。

　　〔2〕交和而舍:交,相交、相互。和,我国古代的军门称为和门。舍,驻扎。交和而舍:这里的意思是指两军处于对峙状态。

　　〔3〕军争:军,军事。这里是指打仗。争,争夺。这里是指争夺利益。军争:这里是指,在作战中,争取夺得胜利的有利条件。

　　〔4〕以迂为直:迂,迂回、曲折。直,径直。以迂为直:把迂回曲折的弯路变为近便的直路。

　　〔5〕以患为利:患,害处,有害。利,利益、有利。以患为利:把有害的事情变为有利的事情。

　　〔6〕故迂其途,而诱之以利:故,故意。其,代词,这里是指我军。之,这里

是代指敌军。故迂其途,而诱之以利:意思是说,我军故意走迂回道路,而以小利引诱敌军,把它牵引到别的方向。

〔7〕后人发:人,指敌军。后人发:这里是指,比敌军后出动。

〔8〕先人至:比敌军先到达战地。

【译文】

孙子说:大凡用兵的法则,将帅们领受国君的命令,征集民众,编成军队,一直到与敌军对垒,这其中没有比争夺制胜条件更难的了。而争夺制胜条件之所以困难,就在于要把遥远的弯路变为近便的直路,要把不利条件转化为有利条件。也就是说我军出发要有意绕道迂回,并用小利诱使敌军改变其进攻方向,从而做到我军虽然是后出动,却能比敌军先期到达有利阵地。这才是真正懂得运用以迂为直的计谋。

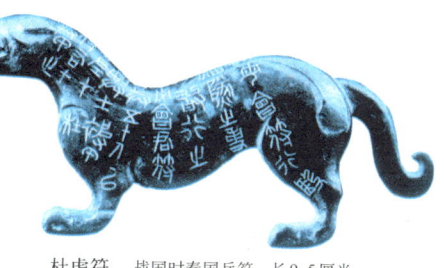

杜虎符　战国时秦国兵符,长9.5厘米,高4.4厘米。现藏陕西历史博物馆。

【原文】

故军争为利〔1〕,军争为危。举军而争利,则不及〔2〕;委军而争利,则辎重捐〔3〕。是故卷甲而趋〔4〕,日夜不处〔5〕,倍道兼行〔6〕,百里而争利,则擒三将军〔7〕,劲者先〔8〕,罢者后〔9〕,其法十一而至〔10〕;五十里而争利,则蹶上将军〔11〕,其法半至〔12〕;三十里而争利,则三分之二至。是故军无辎重则亡〔13〕,无粮食则亡,无委积则亡〔14〕。

【注释】

〔1〕军争为利:为,这里作"有"解。军争为利:军争有利。

〔2〕举军而争利,则不及:举,全、尽。举军,指全部携带武器辎重的军队。争利,争夺先机之利。不及,来不及、赶不上。举军而争利,则不及:这里的意思是说,率领全部携带武器辎重的军队去争夺先机之利,就会因行动迟缓而不能按时到达。

〔3〕委军而争利,则辎重捐:委,委弃、丢弃。委军,指丢弃了笨重装备和辎重的军队。委军而争利,则辎重捐:意思是说,率领委军去争夺先机之利,那就会把作战必需的重装备和辎重都丢掉。

〔4〕卷甲而趋:卷,卷起、收起。甲,铠甲。趋,疾走。卷甲而趋:收起铠甲,

轻装急进。

〔5〕日夜不处：处，处所，这里是指休息、停顿。日夜不处：日夜不休息。

〔6〕倍道兼行：倍道，指行军速度加倍。兼行，日夜不停。倍道兼行：加速前进，昼夜不停。

〔7〕擒三将军：三将军，指上、中、下或左、中、右三军将领。擒，被擒，被俘虏。擒三将军：三军将领都被俘虏。

〔8〕劲者先：劲，有力，引申为体质健壮。劲者先：这里的意思是说，体质健壮的人会先到达目的地。

〔9〕罢者后：罢，通"疲"，引申为体质羸弱。罢者后：体质弱的人就会落后。

〔10〕其法十一而至：法，方法。十一，十分之一。其法十一而至：用这种方法，只有十分之一的人能按时到达目的地。

〔11〕蹶上将军：蹶，失败、损折。上将军，指前军统帅。蹶上将军：将会损折前军统帅。

〔12〕其法半至：用这种方法，只有一半的人能按时到达目的地。

〔13〕军无辎重则亡：辎重指军用的器械、营具、粮秣、服装等。军无辎重则亡：军队如果不带有器械、营具、粮秣、服装等辎重就会灭亡。

〔14〕无委积：委积，储备物资。无委积：没有储备物资。

【译文】

所以说：争夺制胜条件，既有利，也有危险。因为率领军队携带全部武器辎重去争夺先机之利，往往会因拖累太重、行动迟缓而来不及；如果放下笨重装备和辎重去争夺先机之利，就会丧失掉大量的辎重装备。因此，如果让将士们卷起盔甲，轻装急进，昼夜不停，一天走二天的路，那么，这样急行军一百里去争夺先机之利，如果万一发生意外三军的统帅就可能会被敌军擒获。因为这样的急行军，往往是体质强壮的先到，体质羸弱的落在后面，而且一般地只会有十分之一的人能够到达目的地。如果用这种方法，急行五十里去争夺先机之利，便会因只有一半的人能按时到达目的地而损折掉前军统帅。如果用这种方法急行三十里去争夺先机之利，也只能有三分之二的人能按时到达目的地。依然难以取胜，更何况军队如果没有随军辎重就要被歼灭；没有粮食供应就要被歼灭；没有储备军用物资器材作补充也会要被歼灭哩！

【原文】

故不知诸侯之谋者[1]，不能豫交[2]；不知山林、险阻、沮泽之形者[3]，不能行军；不用乡导者[4]，不能得地利。故兵以诈立[5]，以利动[6]，以分合为变者也[7]。故其疾如风[8]，其徐如林[9]，侵掠如火[10]，不动如山[11]，难知如阴[12]，动如雷震[13]。掠乡分众[14]，廓地分利[15]，悬权而动[16]。先知迂直之计者胜[17]，此军争之法也。

【注释】

〔1〕不知诸侯之谋：诸侯，指春秋时期各诸侯国。谋，计谋、谋略。不知诸侯之谋：不了解各诸侯国的计谋。

〔2〕豫交：豫，通"与"。豫交：与之结交。

〔3〕沮泽之形：沮泽，水草丛生的沼泽地带。形，地形。

〔4〕乡导：乡，通"向"。导，引导。乡导：熟悉本地地形带引道路的人。

〔5〕兵以诈立：诈，诡诈、欺骗。立，成立，引申为取得成功、取得胜利。兵以诈立：用兵打仗，以善于运用诡诈、欺骗之术取胜。

〔6〕以利动：动，驱动。以利动：以利益驱之使动。

〔7〕以分合为变：分，分开、分散。这里是指分散兵力。合，聚合。这里是指集中兵力。变，变化。以分合为变：这里的意思是说，根据敌情和地形或分散兵力或集中兵力，灵活机动，变化莫测。

〔8〕疾如风：疾，迅疾。疾如风：像风那样的迅疾。

〔9〕徐如林：徐，缓慢、舒缓。徐如林：这里是说，用兵舒缓时像树林那样轻轻摆动。

〔10〕侵掠如火：侵，进犯。掠，掠夺。侵掠，可解释为"攻击"。侵掠如火：发起攻击时像火一样的猛烈。

〔11〕不动如山：军队坚守时像山一样的稳固。

〔12〕难知如阴：难知，难以测度。阴，阴天。难知如阴：像阴天那样情况不明，难以测度。

〔13〕动如雷震：行动犹如迅雷。

〔14〕掠乡分众：乡，乡里。这里指敌国领土。分众，这里是指分兵。掠乡分众：意思是说，要兵分数路掠取敌国的粮食。

〔15〕廓地分利：廓，同"扩"。利，这里是指有利的阵地。分利，这里是指分兵夺取敌方的资源。廓地分利：这里的意思是说，要扩大占领区，分兵夺取敌方资源。

〔16〕悬权而动：权，指秤锤。悬权，即称秤。这里可引申为权衡利害。悬权而动：权衡利害而后行动。

〔17〕先知迂直之计者胜：率先了解和运用迂直之计的人会取得胜利。

【译文】

　　所以说，不了解各诸侯国的谋略意图，便不能轻易与他们结交；不了解山林、险阻、沼泽的地形，便不能轻易行军；不通过当地的向导，便无法取得有利的地形。所以说，用兵打仗，须以诡诈取胜，以利益驱动，以敌情和地形的不同，灵活地变动战术，或集中使用兵力或分散使用兵力。要做到军队的行动，快起来像疾风一样的迅速快捷；慢起来像树林一样的轻摇摆动；进攻时像火一样的猛烈；坚守时像山岳一样的安稳；难以揣测像阴云蔽天；发动起来像雷霆震地。进入敌国后，要分兵夺取粮食，同时还要扩大占领区，分兵夺取敌方资源。总之，一切都要权衡利害而后相机行动。只有率先懂得以迂为直方法的人才会赢得胜利，这是争夺制胜条件的一般法则。

【原文】

　　《军政》曰："言不相闻[1]，故为金鼓[2]；视不相见[3]，故为旌旗[4]。"夫金鼓旌旗者，所以一人之耳目也[5]。人既专一[6]，则勇者不得独进，怯者不得独退，此用众之法也[7]。故夜战多火鼓[8]，昼战多旌旗，所以变人之耳目也[9]。

【注释】

　　[1]言不相闻：言，言语、讲话。言不相闻：这里是指作战时，以语言指挥，声音听不清楚。

　　[2]金鼓：鼓，这里是指的战鼓，击鼓为进。金鼓，是古代指挥军队进攻后退的号令。

　　[3]视不相见：这里是指作战时，以动作指挥，人们看不清楚。

　　[4]旌旗：旌，中国古代的一种旗帜。旌旗，就是泛指旗帜。

　　[5]一人之耳目：一，统一、一致。人，这里泛指士卒、军队。一人之耳目：进而统一士卒们的行动。

　　[6]人既专一：专一，统一、一致。人既专一：士卒行动既然有了统一的指挥。

　　[7]用众之法：用，使作，引申为指挥。众，指军

队士卒之众。用众之法：这里是指，指挥千军万马作战的方法。

〔8〕火鼓：火光与锣鼓。

〔9〕变人之耳目：变，这里作"适应""便利"解。变人之耳目：适应士卒的耳目。

【译文】

《军政》里面说："作战时，用语言指挥，人们听不清楚，所以要设置金鼓；以手势动作指挥，人们看不清楚，所以要设置旌旗。"金鼓旗帜是用来统一将士们的耳目，进而统一将士们的行动的。将士们行动既然有了统一的指挥，那么，勇敢的不能单独前进，怯懦的也不敢单独后退，这便是指挥千军万马作战的方法。所以，夜间作战，多用火炬和锣鼓；白天作战，多用旗帜，都是为了适应将士们耳目视听的需要。

【原文】

故三军可夺气[1]，将军可夺心[2]。是故朝气锐[3]，昼气惰[4]，暮气归[5]。故善用兵者，避其锐气，击其惰归，此治气者也[6]。以治待乱[7]，以静待哗[8]，此治心者也[9]。以近待远，以佚待劳，以饱待饥，此治力者也[10]。勿邀正正之旗[11]，勿击堂堂之阵[12]，此治变者也[13]。

【注释】

〔1〕三军可夺气：夺，夺走，引申为丧失。气，这里指锐气。三军可夺气：三军之众可以使它丧失掉锐气。

〔2〕将军可夺心：心，决心。将军可夺心：虽身为将帅，也可以使得他们丧失掉坚强的决心和意志。

〔3〕朝气锐：朝，早晨。锐，旺盛。朝气锐：这里是指，军队早晨士气旺盛。

〔4〕昼气惰：昼，白昼，这里指中午。惰，怠惰、懈怠。昼气惰：这里是指，中午士气懈怠。

〔5〕暮气归：暮，傍晚。归，止息、衰竭。暮气归：这里是指，傍晚时士气衰竭。

〔6〕治气：治，这里作"掌握"解。治气：这里是指，掌握军队士气的方法。

〔7〕以治待乱：治，严整有序。待，对待，对付。以治待乱：这里是说，以我军的严整有序对付敌军的混乱无序。

〔8〕以静待哗：静，镇静。哗，喧哗不安。以静待哗：这里是说，以我军的沉着镇静对付敌军的喧哗不安。

〔9〕治心：心，这里是指心理。治心：掌握军队心理的方法。

　　〔10〕治力：力，这里是指战斗力。治力：掌握军队的战斗力。

　　〔11〕勿邀正正之旗：邀，邀击、迎击。正正，严整。勿邀止正之旗：这里的意思是说，不要邀击旗帜严整、队列雄壮的敌军。

　　〔12〕勿击堂堂之阵：堂堂，壮大貌。阵，阵容。勿击堂堂之阵：不要去攻击阵容强大、实力雄厚的敌军。

　　〔13〕治变：变，这里是指的机变。治变：掌握机变的方法。

【译文】

　　三军将士，可以夺去它的锐气，军队将领可以使他动摇意志，丧失决心。这是因为，早晨士气旺盛，中午士气懈怠，到了晚上士气便衰竭了。所以善于用兵的人，总是避开敌人锐气，等到他们士气懈怠、衰竭的时候再发起攻击，这是把握士气的用兵方法。以我军严整有序，对付敌军的混乱无序，以我军的沉着镇静对付敌军的喧哗不安，这是掌握心理的用兵方法。以我军的靠近战地等待敌军远道而来，以我军的休整安逸等待敌军的奔走疲劳，以我军的粮饷充足等待敌军的饥饿不堪，这是把握军队战斗力的用兵方法。不要去邀击旗帜严整、队列雄壮的敌军，也不要去攻打阵容强大、实力雄厚的敌人。这是掌握机变的用兵方法。

【原文】

　　故用兵之法：高陵勿向[1]，背丘勿逆[2]，佯北勿从[3]，锐卒勿攻[4]，饵兵勿食[5]，归师勿遏[6]，围师必阙[7]，穷寇勿迫[8]，此用兵之法也。

【注释】

　　〔1〕高陵勿向：高陵，高山地带。向，这里是指仰攻。高陵勿向：不要去仰攻占据了高地的敌军。

　　〔2〕背丘勿逆：背，这里是指背靠着。丘，丘陵。这里是指丘陵险阻。逆，这里是指正面攻击。背丘勿逆：不要去正面攻击背靠着丘陵险阻地带的敌军。

　　〔3〕佯北勿从：佯，佯装、伪装。北，败北、打了败仗。从，跟从、跟随。佯北勿从：不要去追击假装打了败仗的敌人。

　　〔4〕锐卒勿攻：锐卒，士气旺盛的军队。锐卒勿攻：不要去攻打士气旺盛的敌军。

　　〔5〕饵兵勿食：饵，钓饵。饵兵，指用一些小利作诱饵的军队。饵兵勿食：不要贪吃敌军以小利作的诱饵。

〔6〕归师勿遏：归师，撤退回国的军队。遏，阻遏。归师勿遏：不要去阻击撤退回国的敌军。

〔7〕围师必阙：围师，被包围的军队。阙，同"缺"。围师必阙：把敌军包围起来后要留一面缺口。

〔8〕穷寇勿迫：穷，穷途、绝路、绝境。迫，逼迫。穷寇勿迫：不要过于逼迫已经陷入绝境的敌人。

【译文】

因此，用兵的法则是：不仰攻占据高地之敌；不迎击背靠丘陵险阻之敌；不追击伪装打败之敌；不进攻士气旺盛之敌；不贪吃敌军的诱饵；不阻击撤兵回国的敌军；把敌军包围起来要留下一面缺口；不要过于逼迫已陷于绝境的敌军。这些都是最基本的用兵方法啊。

【战例】

魏吴东兴之战

魏齐王嘉平四年（252），孙权为了遏制巢湖的水外流而修筑了东兴堤，后来进攻淮南，却因巢湖内的船只不利而停止修筑大堤。同年十月，太傅诸葛恪重新建筑大堤，联结左右两座山，在山与大堤之间建筑了两座城池，派将军全端守西城，都尉留略守东城。

镇东将军诸葛诞建议大将军司马师趁着吴国的内部灾荒，派王昶逼取江陵，派毋丘俭攻取武昌，牵制住吴国上游的兵力，然后挑选精锐兵力进攻其两城，这样可以在他们的救兵赶到前占领两城。时任征南大将军王昶、征东将军胡遵、征南将军毋丘俭等人各自都说了征伐吴国的计策。朝廷不知道采用哪种方案，于是询问尚书傅嘏。

因为三种方案中直接渡江有人主张乘船，横行于江面之上，有人主张兵分四路同时进攻，也有人主张屯兵边境，平时耕作土地，然后乘其内乱之机发动进攻。傅嘏认为魏吴两国对立交战六十年；吴国君臣很团结，再加上他们的统帅最近死亡，吴国肯定会加强戒备。假使他们在重要渡口排列战船，坚固城池，那么横行大江之上的计策，恐怕就难以奏效了。如今边境的守军，与敌军相隔甚远，敌军设置的观察联络哨所，又数量众多戒守严密，因此派间谍获取消息行不通。如果军队没有耳目消息，侦察不够详细，却贸然发重兵会面临巨大的危险，这就是怀着侥幸心理以获取成功，这不是保全军队的良

策，只有屯兵边境的计策最为完备牢靠。

他主张先命令王昶、胡遵选择地方驻扎在形势险要之地，调查可以安置兵力之处，然后让三万兵力同时进驻守地。这样，就可以夺取肥沃的土地，让敌人退回到贫瘠的土地。下令禁止欺压劫掠百姓并且实行招抚怀柔政策，这样来归附的人就多了。命令从远处开始设置侦察联络哨，防止间谍进入。敌兵退守之后，侦察联络哨必然不能深入，耕作土地也不容易开展。如果军队就地食用生产的粮食，就不用分出兵力运输。另外，及时知道敌军内部矛盾混乱情况，就能迅速作出征讨突袭的决断。这些都是军事行动中最紧急的事，如果能实现，就避免了敌人独占便利的资财，而有利于己方，可是司马师没有听从。

十一月，王昶等三股兵力袭击吴国。十二月，王昶进攻南郡，毌丘俭进攻武昌，胡遵、诸葛诞率七万大军攻打东兴。十九日，吴国太傅诸葛恪率兵四万，日夜兼程，救援东兴。胡遵等人命令各军做浮桥渡水，分兵攻打两城，城在高峻险要之处，一时之间难以攻克。诸葛恪派将军丁奉和吕据、留赞、唐咨等人为前锋，从山的西面攻上。丁奉让各路军马从道路上避开，亲自率领属下三千人快速突进。当时正刮北风，丁奉扬帆行船两天就到达了东兴，随即占据了徐塘。当时正下大雪，天气寒冷，胡遵等人正在聚会饮酒。丁奉见魏军前部兵力稀少，便让士兵们都脱下铠甲，丢掉长矛大戟，只戴着头盔拿着刀和盾牌，裸身爬上堰。魏兵对此不以为然，毫不戒备。吴兵爬上之后，立即击鼓呐喊，偷袭攻破魏军前部营垒，吕据等人也相继赶到。

魏军惊慌失措，争相抢渡浮桥，使浮桥被压垮，兵将在水中互相践踏，争相逃命。魏军前部督军韩综、乐安太守桓嘉等人都沉没在水中，死者数万人。韩综曾经背叛吴国，孙权很恨他，于是用他的头来祭祖。

潼关之战

天宝十五载（756）　正月一日，叛将安禄山于洛阳登基，建立燕国。此后唐朝官兵和燕军多次鏖战，互有胜败。六月初，有消息传来，燕军将领崔乾祐驻守在陕郡，士兵不到四千人，而且尽是老弱残兵，士气低落，正是唐军出击收复失地的大好良机。

唐朝名将哥舒翰奉命担任攻击任务，但他认为其中可能有诈。他认为安禄山的军事常识丰富，对叛变一事，处心积虑已久，不可能留下那么大的防御破绽。一定是以老、弱、病、残为饵，诱使唐军落入陷阱。于是他上奏建议

唐玄宗 即李隆基（685—762），又称唐明皇。延和元年（712）受禅即位，在位44年。

占据险要地形，坚守不出。由于贼寇暴虐无道，不得民心，军队的气势将如日薄西山，愈来愈虚弱，可望发生内讧，到时再趁机出兵，不战就可获胜。所以暂时观望以待时机。

但是唐玄宗听信杨国忠的谗言，惟恐错失攻敌时机，连续派人传达攻击命令。

哥舒翰只好硬着头皮率大军出潼关。他派王思礼率五万人打先锋，庞忠等将领率十万人跟在后面，他本人则带三万人，在黄河北岸观战，并击鼓助阵。

而这时，崔乾祐早已布置精锐部队在险要之处——南面近山，北面控制水道，中间的隘道，十分狭窄。直到唐军对眼前看似不堪一击的敌军发动进攻时，才发现敌人后有大军。唐军因为陶醉在胜利的喜悦、放松戒备被敌人突然从高地滚下的巨石块攻击，死伤无数，活下来的却受困于狭隘的地形，兵器毫无用武之地。

哥舒翰见变故突生，下令以毡车为前导，冲向燕军，但是天气却对唐军不利。当时已过中午，东风急起，崔乾祐以几十辆装满枯草的车，挡住毡车的去路，并且纵火焚烧。顿时，浓烟迷漫，唐军眼睛被熏得睁不开，情急之下，乱砍一通，自相残杀。又错以为敌军必在烟雾之中，个个以乱箭射过去。直到傍晚，箭射完了，烟雾也散去，才知道眼前只有几辆破车，什么人影也没有。

正在这时，趁着唐军方寸大乱，惊惶疑惑间，崔乾祐率精锐部队自后方突袭。唐军手足无措，兵败如山倒，弃甲逃跑，却慌不择路，互相践踏，死伤无数。哥舒翰带着三万人和其余败逃的官兵逃回潼关。

潼关的外围筑有三道深广的大沟，残兵败将争先恐后地涌向潼关，人马纷纷坠入沟中，顷刻间就填满沟壑，后到的便践踏着沟中弟兄和马匹的身体过去，十八万大军，只剩下八千人存活下来。第二天，潼关被攻破，哥舒翰被俘。

避锐击惰胜敌军

东汉中平六年（189）二月，凉州王国率军进犯陈仓，左将军皇甫嵩与前将军董卓奉命率军四万赴援陈仓汉守军。董卓主张速进，认为"速救则城全，不救则城灭"。但皇甫嵩却认为：百战百胜，不如不战而屈之。善于用兵打仗的，应先做到自己不被敌人战胜，尔后待机战胜敌人。陈仓虽小，然而城池坚固，不容易轻易攻取。凉州王国虽然强大，然而久攻陈仓不下，士兵一定疲惫，等到敌人疲惫的时候再攻打，这才是全胜之道。

于是采取缓进以避其锐、待机以击其衰的作战方针，致使凉州王国自冬至春，攻城八十余日却不能攻克陈仓，最后在部队已陷入力疲气衰的情况下，撤兵返回。这时，皇甫嵩抓住这个有利战机，力排董卓阻挠，率领军队追击，连战连捷，歼灭王国所部万余人，王国本人则落荒而逃。

"以饱待饥"是"避锐击惰"这一战略原则的应用。它的意思是对于远道而来，急于决战的进攻之敌，根据"敌饥我饱"的实际情况，采取以饱待饥、坚壁不战的方针，既可以避其锐气，又可以使敌人耗物资，人马疲惫，为尔后反击和歼灭敌人创造条件。唐初李世民击败宋金刚的柏壁之战，也是运用了这种战法。

唐武德二年（619）九月，据守马邑称帝的刘武周，在突厥的支持下，南下攻占太原后，派宋金刚率军继续南进，企图夺取河东，进图中原。李世民奉父命进驻柏壁。他分析后认为宋金刚率军千里来到这里，精兵强将都带来了。武周太原称帝，主要依靠的就是宋金刚的兵力。宋金刚人数虽然多，但远道而来，粮食匮乏，一路上烧杀房掠，以充军需。所以，下令坚壁不战，来耗费敌人，使他们饥疲。

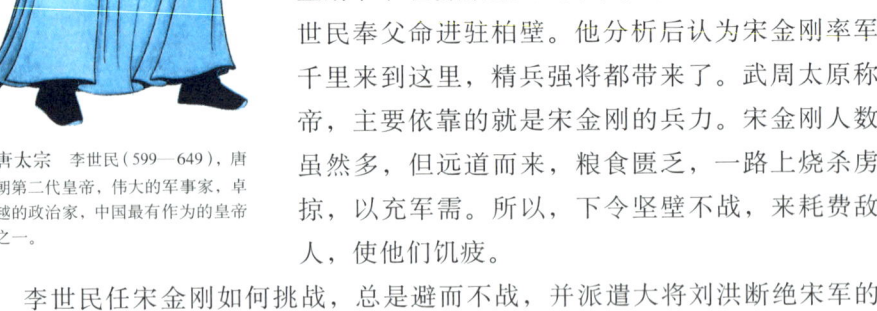

唐太宗　李世民（599—649），唐朝第二代皇帝，伟大的军事家，卓越的政治家，中国最有作为的皇帝之一。

李世民任宋金刚如何挑战，总是避而不战，并派遣大将刘洪断绝宋军的粮道。这样相持了半年多，宋军粮尽，被迫北撤。李世民率军追击，歼灭大部分军队，在柏壁之战中大获全胜。

八　九变篇

【提要】

　　本篇是前一篇——《军争篇》的继续和补充。《军争篇》全面论述了"迂直之计"。本篇则进一步论述在作战过程中，要实行迂直之计，为将者，还必须根据地形和敌情的变化灵机处置，变通应敌，在特殊情况下如圮地无舍；衢地交合；绝地无留；围地则谋；死地则战；涂有所不由；军有所不击；城有所不攻；地有所不争。即便是"君命"也"有所不受"，决不可机械行事，贻误战机。文中分析了战场之上，经常遇到的种种需要变通应敌的情况和方法，同时还论述了军队将领掌握这些变通应敌方法应具备的基本素质。如果将领的思想性格具有"必死""必生""忿速""廉洁""爱民"等片面性，感情用事，缺乏理性思考，不能从实际情况出发，临机变通，将会遭到覆军杀将的危险。

【原文】

　　孙子曰：凡用兵之法，将受命于君，合军聚众，圮地无舍[1]，衢地交合[2]，绝地无留[3]，围地则谋[4]，死地则战[5]。涂有所不由[6]，军有所不击[7]，城有所不攻，地有所不争，君命有所不受[8]。

【注释】

　　〔1〕圮地无舍：圮，倒塌、毁坏。圮地，按梅尧臣注："山林，险阻，沮泽之地"。舍，住舍。这里是指部队宿营。圮地无舍：在山林险阴沼泽的地方不能宿营。

　　〔2〕衢地交合：衢地，这里是指与邻国相接四通八达的地方。交合，结交。这里是指与其他诸侯国结交。衢地交合：这里的意思是说，在与多国相邻的地方要重视与邻国结交。

　　〔3〕绝地无留：绝地，缺乏生存条件或地形十分险恶的地方。留，逗留，停留。绝地无留：在缺乏生存条件或地形十分险恶的地方，部队不能停留。

　　〔4〕围地则谋：围，包围，是指四面地形险恶，敌可往来，我难出入之地。谋，这里指的设谋、设计。围地则谋：意思是说，当部队进入四面地形险恶、敌军可以任意往来而我军却难以出入的地区，设计谋尽快离开。

　　〔5〕死地则战：死地，前无进路、后有追兵，必得死战之地。死地则战：意思是说，当部队陷入前无进路，后有追兵的死地时只有与敌作决死之战。

〔6〕涂有所不由：涂，通"途"，道路。由，经由，通过。涂有所不由：意思是说，部队进军时，有的道路不能走。

〔7〕军有所不击：军：军队。这里是指敌军。击，攻击。军有所不击：意思是说，对于有的敌军不能进行攻击。

〔8〕君命有所不受：君，君主。受，接受。君命有所不受：君主的命令，有时也不能接受或照办。

【译文】

孙子说：大凡用兵打仗的法则是，将军领受国君的命令，征集民众，组成军队，然后出征。出征时，遭到山林险阻沼泽的"圮地"，不能宿营；遇到与邻国接壤、四通八达的"衢地"，要注意与邻国结交；遇到缺乏生存条件或地形十分险恶的"绝地"，应迅速通过，不能停留；遇到四周地形险峻，敌可往来，我难出进的"围地"，应设计赶快离开，免遭包围；遇到前无进地，后有追兵的"死地"，应率领将士与敌作殊死之战，以求脱险。在出征的进程中，有的道路不能通过，有的敌军不能攻击，有的城池不能攻打，有的地方不能争夺，在以上情况下，必须变通应敌，即使是国君的命令有时也不能照办。

【原文】

故将通于九变之利者[1]，知用兵矣；将不通于九变之利者，虽知地形，不能得地之利矣。治兵不知九变之术，虽知五利[2]，不能得人之用矣[3]。

【注释】

〔1〕将通于九变之利：将，将帅。通，通晓、熟练。九变，指从"圮地无舍"到"地有所不争"的九事之变。变，权变。引申为变通处理、临机处置。将通于九变之利：意思是说，将帅通晓在遇到上述九种情况时必须加以变通处置的利益。

〔2〕五利：五变之利。具体是指"涂有所不由"到"君命有所不受"的五变之利。

〔3〕得人之用：人，这里是指军队将士。用，作用，这里可引申为战斗力。得人之用：充分发挥全军将士的战斗力。

【译文】

所以，作为将帅，只有通晓在上述九种情况下，必须临机处置、变通应敌，才能算是懂得用兵；将帅如果不通晓"九变之利"，哪怕是熟悉地形，也不能取得地形之利；统辖军队，如果不懂得各种临机处置的方法，哪怕是知道"五利"，也还是不能充分发挥全军将士的战斗力。

【原文】

是故智者之虑[1]，必杂于利害[2]。杂于利，而务可信也[3]；杂于害，而患可解也[4]。

【注释】

〔1〕智者之虑：智者，聪明的人。虑，思虑、考虑。智者之虑：聪明的人思考问题。

〔2〕杂于利害：杂，掺杂、有混合。杂于利害：既有利也有害。这里是指，思考问题既考虑到有利一面，也考虑到有害一面。

〔3〕务可信：务，任务。信，通"伸"。这里可引申为完成、成功。务可信：这里是指任务可以成功。

〔4〕患可解：患，灾患、祸患。解，解除。患可解：灾患可以解除。

【译文】

所以说，聪明人考虑问题，必定是同时兼顾利害两个方面。只有在处于不利情况时，能充分考虑到有利的方面，才会对完成任务充满信心；只有在情况顺利时，能充分考虑到种种不利因素，才能解除各种可能产生的祸患。

【原文】

是故屈诸侯者以害[1]，役诸侯者以业[2]，趋诸侯者以利[3]。

【注释】

〔1〕屈诸侯者以害：屈，屈服。这里作使动词用，意为"使屈服"。害，危害、灾害。屈诸侯者以害：这里的意思是说，要使别的诸侯国屈服必须用他们最畏惧的灾害去威胁他们。

〔2〕役诸侯者以业：役，役使。业，事业。役诸侯者以业：按杜佑注："能以事劳役诸侯之人，使不能安佚"。意思是说，要以种种事情去役使别国人民，使之疲劳不堪，不得安逸。

〔3〕趋诸侯者以利：趋，趋附，这里作使动词用，意为"使趋附""使归付"。趋诸侯者以利：这里的意思是说，要以利益引诱，使得别的诸侯国归附。

【译文】

所以，要使别的诸侯国屈服，就要用他们最害怕的事情去威胁他们；要使别的诸侯国受驱使，就要以种种劳役去烦扰他们；要使别的诸侯国归附，就要以种种利益去引诱他们。

【原文】

故用兵之法，无恃其不来[1]，恃吾有以待也[2]；无恃其不攻，恃吾有所不可攻也[3]。

【注释】

〔1〕无恃其不来：恃，依恃、依靠。其，代指敌军。不来，指不来进犯。无恃其不来：这里的意思是说，不要依靠寄希望于敌军不来进犯。

〔2〕恃吾有以待：待，等待。引申为有准备。恃吾有所待：要依靠自己有充分准备。

〔3〕恃吾有所不可攻：不可攻，不可被攻克。恃吾有所不可攻：这里的意思是说，要依靠于自己有充分准备，不可被攻克。

【译文】

所以说，用兵的法则是，不要寄希望于敌军不会来侵犯，而应依靠自己有充分的准备，严阵以待；不要寄希望于敌军不会来进攻，而要依靠自己防守坚固，攻不可破。

【原文】

故将有五危：必死[1]，可杀也[2]；必生[3]，可虏也[4]；忿速[5]，可侮也[6]；廉洁[7]，可辱也[8]；爱民[9]，可烦也[10]。凡此五者，将之过也[11]，用兵之灾也。覆军杀将，必以五危，不可不察也。

【注释】

〔1〕必死：必定要死斗、死拼。

〔2〕可杀也：杀，这里是指诱杀。可杀也：这里的意思是指，可能遭到敌军诱杀。

〔3〕必生：生，这里是指的贪生。必生：一味贪生。

〔4〕可虏也：虏，俘虏。可虏也：可能遭到敌军俘虏。

〔5〕忿速：忿，愤怒。忿速：这里是指性情急燥，容易愤怒、偏激。

〔6〕可侮也：侮，凌侮。可侮也：这里的意思是说，可能因受到敌方设计侮辱而领兵轻进，致遭失败。

〔7〕廉洁：这里是指重视人格名誉。

〔8〕可辱也：辱，侮辱。可辱也：这里的意思是说，可能因受不了敌方使用人格羞辱之计而轻易出战。

〔9〕爱民：这里是指，有"仁人爱民"之心。

〔10〕可烦也：烦，烦劳，烦扰。可烦也：按杜牧的解释：有些有仁人爱民之心的将领，常常因为要保护人民而不顾远近，不自量力地轻易出击。这样的将领有可能中敌军的烦扰之计频繁出击，以致疲劳不堪，最后被战而胜之。

〔11〕将之过也：将，将领。过，过失，过错。将之过也：将领的过失。

【译文】

所以，作为领兵之将有五种危险：只知死拼硬打，可能会被敌军诱杀；一味贪生怕死，可能会被敌国俘虏；性情急躁、偏激，可能会中敌军"凌侮"之计而领兵轻进，遭致失败；过分重视人格名誉，可能会中敌方"羞辱"之计而轻易出战，自乱脚阵；不区别情况讲求仁爱人民，可能会中敌方"烦扰"之计而频繁出击，以致疲惫不堪，最后被战而胜之。以上五点，都是为将的过错，是用兵的灾害。覆军杀将，都是因这五种危险引起的，不可不认真加以考察啊。

【战例】

明送国宝 实取江山

公元前659年夏天，晋国兴兵攻伐虢国。伐虢必须经过虞国，如果虞国不让晋国的军队过境，晋国就束手无策。大臣荀息对晋献公说："虞国的国君虞公是个鼠目寸光的小人，见钱眼开；大王只要把我们的国宝送给虞公，他一定肯答应借我们一条路，让我们通过虞国。"

荀息说的"国宝"是指晋国马厩中原产于屈地的千里马和国库中原产于垂棘的璧。晋献公最珍爱这两件奇物，对荀息说："这可是我最喜欢的宝物啊！再说，虞国有宫之奇这样的贤臣在，他们怎么会蠢到'借路'给我们这种地步呢？"

荀息道："我们把千里马和璧送给虞公，不过是把千里马从这个马厩牵到那个马厩中，把璧从这个仓库放到那个仓库中，这些马厩和仓库早晚都是您的啊！宫之奇这个人足智多谋，但他不敢犯上强谏，虞公绝不会听从他的劝告。"

晋献公接受了荀息的建议，派人把千里马和璧送给虞公，虞公果然不听从宫之奇的劝告，借路给晋国。晋军经虞国到达虢国，攻占了虢国的都城；虢国迁都到上阳（今河南三门峡市东南），拼力死战。晋军知难而退，回到晋国。

公元前655年，晋国聚集精兵良将，再次向虞国借路攻伐虢国。宫之奇劝说虞公道："虢虞两国相互依存，虢国灭亡了，虞国也就日薄西山了。所谓'辅车相依，唇亡齿寒'说的正是虢虞两国今天的形势。试想，车都不存在了，辅（车轮中连接车毂和轮圈的一条条直棍儿）还能有吗？嘴唇没有了，牙齿就会觉得寒冷。请大王三思而行。"虞公道："晋国和我是同宗（同为姬姓），决不会害我！"再次拒绝宫之奇的劝告，借路给了晋国。

宫之奇回到家中，对众人说："晋国此次出兵，势在灭虢；回国途中，一定不会放过我们虞国。大家逃命去吧！"于是，带领族人，逃离了虞国。

这一年八月，晋军大兵经虞国进入虢国，迅速攻克虢国的上阳，灭亡了虢国。凯旋途中，晋军趁虞公毫无防备之机，一举灭亡了虞国。虞公成了晋的俘虏，千里马和美璧也都重新回到晋献公手中。

周亚夫平七国之乱

西汉文帝在位时，由于分封的诸侯国实力变大，造成了尾大不掉的局面，景帝即位第三年（前154），"七国之乱"终于爆发。

如果"七国之乱"不被平息，那么中国势必回到战国时代群雄割据的纷乱场面。这事也非同小可。它之所以能够在短短三个月内，大事化小，小事化无，与当时担任太尉之职的周亚夫，关系密切。而他所用的战术，正是《孙子兵法·九变篇》的灵活运用。

七国之乱，首先由吴国发动，它和楚国结合，成为反抗军主力，联军首先攻击效忠王室的梁国。梁军被杀数万人，梁王紧守睢阳城，等待西汉王室救援。

心慌意乱的汉景帝，派袁盎、刘通前往吴国劝吴王停战。但二十万吴楚联军已兵临睢阳城下，吴王刘濞志得意满，丝毫不把皇帝看在眼里。眼见和平无望，景帝伤透脑筋，周亚夫请令断绝联军粮草，趁机消灭他们。

周亚夫的建议获得皇上采纳后，便率一部分兵力出发，准备和大军会合荥阳。行军至灞上，本来打算左转，经崤山、渑池至洛阳，却被手下赵遮阻止，他认为吴王财力雄厚，早已培养多名刺客，如今必然算准周亚夫的路线，会派出杀手，在崤、渑之间的险隘狭径上狙击。他建议逆方向而行，右转后趋蓝田，出武关，到洛阳，虽是绕远路，但时间相差不过一两天，既安全，又能出奇制胜，一举两得。周亚夫采纳了赵遮的建议改变路线，迂回抵达睢阳西边的洛阳，一路平安。事后派人搜索崤、渑一带，果然找到吴国伏兵。

梁国的睢阳城却在吴楚联军连连猛攻下，难以支撑，派人向周亚夫求救。周亚夫竟然见死不救，置之不理。就连汉景帝亲自下达救援指示，周亚夫也无动于衷。他惟一做的事，只是派韩颓当等手下大将，率领轻骑兵，渡河绕到吴楚联军背后，切断他们的后勤补给线。梁王眼见周亚夫不出手相救，只得自力救援，以韩安国和张羽为将军，终于合力阻挡住联军的攻势。联军攻势受阻，干脆直攻周亚夫驻守的昌邑。结果周亚夫继续只守不攻，坚持不出战。

周亚夫的的处变不惊不仅表现在运筹帷幄之中，也展现在个人胆识上。当联军围城之际，他的士兵突然发生夜惊现象，互相攻击，一直侵扰到他的军帐前，但他不动如山，继续睡大觉。不久，一切恢复平静，像什么也没发生一样。

联军久攻不下，便集中兵力于东南角。而周亚夫却又将兵力调往反方向的西北角。诱使联军向西北转移。而周亚夫早先派人截断联军补给线的举动，此时也发挥了功效。联军断粮，军心不稳，造成士兵阵前叛逃，联军只好退兵。

周亚夫不费吹灰之力，就解了围城之危，又趁机反守为攻，精锐尽出，大破联军。吴王刘濞狼狈不堪，丢下大军连夜逃亡，楚王刘戊自杀身亡。

联军纷纷投降，力量被瓦解。刘濞于南逃途中被杀，其余各国也相继臣服。西汉初期著名的七国之乱，在三个月内被平定。一般认为周亚夫坚持不战，抢先断绝联军粮道，是胜利的关键。

但是，如果周亚夫当时怕皇上怪罪，怕招来杀身之祸或官位不保，而出兵救梁，不可能会在这么短的时间内平定叛乱，并且大获全胜。周亚夫敢于违逆上意，而保存国家命脉，必须具备胆识和智慧。周亚夫择善固执，是一位良将。

其实，早在文帝（刘恒）在位时，周亚夫就已经因为得罪皇帝而知名，当时，为防范动员数万兵力南侵的匈奴威胁京师，周亚夫等人屯军驻守。文帝亲自劳军，至霸上、棘门两个营区时，指挥官大开营门迎接，文帝长驱直入，好不威风，但等到周亚夫的细柳营，却发现全体将士非但不迎接，反而全副武装，呈备战状态，把皇家卫队挡驾在营门外。负责守卫的军门都尉理直气壮，认为军中只听将军的命令，不服从天子诏书。待文帝抵达，派人通知周亚夫后，才获准进入。但随后卫兵司令又请求车队不得奔驰而入，因为"将军有令，军营之中不可以车马奔驰"，文帝一行人只得慢行。周亚夫面对皇上却不下拜，他要求身穿铠甲的武士不下拜，而应改用军礼参见。

周亚夫一连串"犯上"的举动，让其他的人都为他紧张，不料文帝非但不生气，反而严肃恭敬地手扶车厢横木，躬身行礼。认为周亚夫才是真正的大将，能严肃治军，敌人不敢来犯。文帝提升了周亚夫，并在临终前嘱咐太子刘启在国家有战乱时，可任命周亚夫为太尉平乱。而周亚夫也果然不负使命，充分发挥兵法中"有所不"的战略思想，打得敌人四散奔逃。

九 行军篇

【提要】

本篇专门论述作战中有关行军的各种问题,分别从山岳地带、河川地带、盐碱地带、平原地带,以及各种险阻地带论述了行军扎营、应敌所必须注意的事项和应该采取的措施。接着论述行军过程中侦察敌情的几种基本方法。进而指出用兵打仗,主要的并不在于兵力越多越好,而在于"并力、料敌、取人",也就是善于集中兵力,判明敌情,以智取胜;那种"无虑而易敌",一味只知盲目猛进的人,将"必擒于人"。最后指出统帅军队必须重视平时的教育,同时,也更要重视战时军纪严肃,赏罚分明。强调为将者要言而有信,令行禁止,士卒们才会心悦诚服。

【原文】

孙子曰:凡处军、相敌[1]:绝山依谷[2],视生处高[3],战隆无登[4],此处山之军也[5]。绝水必远水[6],客绝水而来[7],勿迎之于水内[8],令半济而击之[9],利[10];欲战者,勿附于水而迎客[11];视生处高,无迎水流[12],此处水上之军也。绝斥泽[13],惟亟去无留[14];若交军于斥泽之中,必依水草而背众树[15],此处斥泽之军也。平陆处易[16],而右背高[17],前死后生[18],此处平陆之军也。凡此四军之利[19],黄帝之所以胜四帝也[20]。

【注释】

〔1〕处军、相敌:处军,处置军队,指带领军队行军、扎营、作战等。相敌,观察、判断敌情。处军、相敌:带领军队行军、扎营、作战,观察判断敌情。

〔2〕绝山依谷:绝,渡过、穿越。依,傍依。谷,这里是指溪谷。绝山依谷:这里的意思是说,军队穿越山地要依傍着溪谷行进。

〔3〕视生处高：视，视野。生，生动、生机。这里引申为开阔。视生，就是指视野开阔。处高，处于高地。视生处高：意思是说，要把军队驻营于地势高、视野开阔的地方。

〔4〕战隆无登：隆，这里是指高地。登，攀登。战隆无登：意思是说，不要去仰攻占据高地的敌军。

〔5〕处山之军：处，这里是指的处置、部署。处山之军：这里是指处置、部署部队在山地行军作战的原则。

〔6〕绝水必远水：水，这里泛指河川地带。绝水必远水：这里的意思是说，军队穿越河川地带时，要在距离河流较远的地方驻扎，以免陷入背水一战的死地。

〔7〕客绝水而来：客，这里是指敌军。客绝水而来：这里的意思是指，敌军渡河前来进攻。

〔8〕勿迎之于水内：迎，这里是指迎击。水内，按梅尧臣注、张预的解释，这里是指水边。勿迎之于水内：这里的意思是说，不要在敌军刚到河边时便迎击他们。

〔9〕令半济而击之：令，使。济，过河，渡河。半济，渡河才渡过一半。令半济而击之：这里的意思是说，使敌军渡河渡至一半时才发起攻击。

〔10〕利：利益。这里是指，对我军取胜有利。

〔11〕勿附于水而迎客：附，附近，靠近。客，指敌军。勿附于水而迎客：意思是说，不要在靠近河流的地方同敌作战。

〔12〕无迎水流：水流，水流往下。这里是指，河的下游。无迎水流：这里的意思是指，不要在河的下游驻扎，以免敌军在上游决水或投毒而遭失败。

〔13〕绝斥泽：斥，盐碱地。泽，沼泽地。绝斥泽：这里是指军队穿越盐碱地和沼泽地。

〔14〕亟去无留：亟，急、迅速。亟去无留：迅速离开不要停留驻扎。

〔15〕依水草而背众树：依，依傍。背，背靠。依水草而背众树：这里的意思是说，要依傍着水草，背靠着树林扎营。

〔16〕平陆处易：平陆，这里是指的平原地带。易，这里是指平坦的地方，处，安处。平陆处易：这里的意思是指，在平原地带也要选择平坦的地方安营。

〔17〕右背高：右，这里是指军队的侧翼。背，背靠。高，高地。右背高：这里是指，军队的侧翼要背靠高地以为倚托。

〔18〕前死后生：死，死地。这里是指的地势较低，易攻难守之地。生，生地。这里是指地势较高的险峻之地。前死后生：这里的意思是说，在平原地带作战，要选择背靠山险、面向平易的地势。

〔19〕四军之利：四军，指山地、河川地、盐碱沼泽地、平原地四种地带行军作战。利，取利。四军之利：这里的意思是指，在四种地带行军作战求取胜利的原则。

〔20〕黄帝之所以胜四帝也：黄帝，传说中的汉族祖先。四帝，指黄帝时代四周的部落首领。相传黄帝曾先后打败了炎帝、蚩尤、獯鬻等部落，统一了黄河流域。黄帝之所以胜四帝也：意思是说，这就是当年黄帝之所以能够战胜四帝的原因。

【译文】

孙子说：大凡率领军队作战，观察判断敌情，在穿越山地时，要依傍着溪谷行进；要在地势较高、视野开阔的地方扎营；不应去仰攻占据了高地的敌军，这是在山地处置军队行军作战的原则。穿越河川地带时，必定要在距离河流较远的地方扎营；敌军渡河前来进攻，不可以在其刚到河边时，便迎击他们，而要等到他们渡至河心再发起攻击，这样才会有利；想要出战不要选择靠近河流的地方与敌军交锋；军队应驻扎在视野开阔的高地，且不能处于河的下游（以免敌军从上游投毒或决水）。这是在河川地带处置军队行军作战的原则。穿越盐碱地和沼泽地时，应急速通过，不能停留；如果在这样的地带与敌军相遇交锋，必须抢占依傍水草、背靠树林的有利阵地。这是在盐碱、沼泽地带处置军队行军作战的原则。在平原地带，要选择平坦的地方扎营，但侧翼要背靠高地，以形成背靠山险、面向平地的有利态势。这是在平原地带处置行军作战的原则。以上四种地带是行军作战求取胜利的原则，也正是当年黄帝之所以战胜四周部落领袖的原因。

【原文】

凡军好高而恶下[1]，贵阳而贱阴[2]，养生而处实[3]，军无百疾[4]，是谓必胜。丘陵堤防[5]，必处其阳，而右背之[6]。此兵之利，地之助也[7]。上雨[8]，水沫至[9]，欲涉者[10]，待其定也。凡地，有绝涧、天井、天牢、天罗、天陷、天隙[11]，必亟去之[12]，勿近也。吾远之，敌近之；吾迎之，敌背之[13]。军行有险阻、潢井、葭苇、山林、蘙荟者[14]，必谨复索之[15]，此伏奸之所处也[16]。

【注释】

〔1〕凡军好高而恶下：军，这里是指驻军扎营。凡军好高而恶下：意思是说，大凡军队扎营都是喜欢选择地势较高的干燥地方而讨厌地势低下的潮湿地方。

〔2〕贵阳而贱阴：贵，重视。阳，这里作"向阳"解。贱，轻视、不喜欢。阴，阴暗。贵阳而贱阴：重视向阳明亮之处而不喜欢阴暗背光之处。

〔3〕养生而处实：养生，这里是指，水草丰盛，粮食充足，军队容易休养生息。处实，这里是指，军需物资供应方便的地方。养生而处实：这里的意思是说，军队扎营要选择水草丰盛、粮食充足、军需物资供应方便的地方。

〔4〕军无百疾：百疾，各种疾病。军无百疾：军中将士不会沾染各种疾病。

〔5〕丘陵堤防：这里是指在有邱陵堤防的地区。

〔6〕处其阳，而右背之：处，占据。阳，向阳的一面。右，这里是指军队的主要侧翼。处其阳，而右背之：这里的意思是说，在丘陵堤防地带行军打仗，军队要占据向阳的一面，并且将主要侧翼背靠着它，以之为依托。

〔7〕地之助也：地，地形。地之助：利用地形的辅助。

〔8〕上雨：上，这里是指河的上游。上雨：河的上游下雨。

〔9〕水沫：河水的泡沫。这是洪水到来的表现。

〔10〕涉：这里是指的涉水。

〔11〕绝涧：两岸山势峭峻，水流其间的险恶地形。天井：四周高峻，中间低洼的地形。天牢：牢，牢狱。天牢，是指的一种四周地势险恶、易进难出的地形。天罗：罗，罗网。天罗，是指的一种四围荆棘丛生，军队进入后如同陷入罗网难以摆脱的地形。天陷：陷，陷阱。天陷，是指的一种地势低洼、泥泞易陷的地形。天隙：隙，狭窄的缝隙。天隙，是指的一种两边高山壁立，中间道路狭窄，难以行军的地势。

〔12〕亟去之：急促离开。

〔13〕敌背之：背，作使动词，使背。敌背之：意思是说，让敌军去背靠它。

〔14〕潢井：潢，积水池。潢井，指地势低陷、积水很多的地方。葭苇：芦苇，泛指水草。这里是指水草丛生的地方。蘙：草木茂盛，这里指草木蒙密多障碍。

〔15〕谨复索之：谨，谨慎、认真。复，反复。索，搜索。谨复索之：这里是说要认真地、反复地进行搜索。

〔16〕伏奸：伏兵与奸细。

【译文】

大凡军队安营都喜欢处于地势较高的干燥地方而厌恶地势低洼的潮湿地方，都重视向阳明亮之处而不喜欢阴暗背光之处，还要是水草丰盛、粮食充足、物资供应方便的所在，这样才能使战士不生各种疾病，才能每战必胜。如果是遇有丘陵堤防，必定要占据其向阳的一面，并且将主要的侧翼背靠它，以之为依托。这些对于用兵的有利措施都是以利用地形作为辅助条件的。部队行至河流附近，遇到上游下雨，洪水到来，如果想要涉水渡河，必须等待水势稳定后再渡。大凡行军作战遇到两岸山势峭峻、一水穿流其间、地形险恶的"绝涧"；遇到四周山势高峻、中间地势低洼的"天井"；遇到四面地势险恶、易进难出的"天牢"；遇到四周荆棘丛生、进入之后如同陷入罗网、难以摆脱的"天罗"；遇到地形低洼、泥泞易陷的"天陷"；以及遇到两旁高峰壁立，中间道路十分狭窄的"天隙"，等等，都必须急速离开，不能靠近它们，要让自己的部队远离这些险地，而让敌军去靠近它；要设法使自己的部队能面对着这些险地，而让敌军去背靠着它们。行军路上遇到有险峻的道路，或者是地势低陷、积水很多的地方，或者是水草丛生的地方，或者是山林和草木蒙密、障碍甚多的地方，都必须仔细地反复搜索，因为这些地方都是容易隐藏伏兵或奸细的所在。

【原文】

敌近而静者[1]，恃其险也；远而挑战者，欲人之进也[2]；其所居易者[3]，利也。众树动者[4]，来也；众草多障者[5]，疑也[6]；鸟起者[7]，伏也[8]；兽骇者[9]，覆也[10]；尘高而锐者[11]，车来也；卑而广者[12]，徒来也[13]；散而条达者[14]，樵采也[15]；少而往来者[16]，营军也；辞卑而益备者[17]，进也[18]；辞强而进驱者[19]，退也；轻车先出居其侧者[20]，陈也[21]；无约而请和者[22]，谋也[23]；奔走而陈兵车者[24]，期也[25]；半进半退者[26]，诱也[27]。杖而立者[28]，饥也；汲而先饮者[29]，渴也；见利而不进者，劳也。鸟集者[30]，虚也[31]；夜呼者[32]，恐也[33]；军扰者[34]，将不重也[35]；旌旗动者[36]，乱也[37]；吏怒者[38]，倦也[39]；粟马肉食[40]，军无悬𦈡[41]，不返其舍者[42]，穷寇也[43]。谆谆翕翕[44]，徐与人言者[45]，失众也[46]；数赏者[47]，窘也[48]；数罚者，困也[49]；先暴而后畏其众者[50]，不精之至也[51]；来委谢者[52]，欲休息也。兵怒而相迎[53]，久而不合[54]，又不相去，必谨察之。

【注释】

〔1〕敌近而静者：近，靠近。敌近而静者：这里是说靠近我军的敌军却能保持安静。

〔2〕欲人之进也：进，这里是指轻进。欲人之进：这里是指希望对方的军队轻进。

〔3〕所居易者：易，平易，这里是指平坦地带。所居易者：这里是指敌军在平坦地带驻扎。

〔4〕众树动：众树，众多的树，即树林。众树动：树林摇曳摆动。

〔5〕众草多障：众草，杂草。障，障碍。众草多障：这里是指敌军在杂草丛生的地方设置了许多障碍。

〔6〕疑也：疑，使动词，使疑，使迷惑。

〔7〕鸟起：起，这里是指的惊起。鸟起：鸟雀惊飞起。

〔8〕伏也：伏，埋伏。这里是指的伏兵。

〔9〕兽骇：骇，惊骇。兽骇：野兽惊跑。

〔10〕覆也：覆，倾覆、遮蔽。这里是指敌军大举进攻，蔽天盖地而至。

〔11〕尘高而锐：尘，尘土。锐，锐直。尘高而锐：尘土高扬，直冲云天。

〔12〕卑而广：卑，低下。卑而广：这里是指尘土飞扬不高但面很宽广。

〔13〕徒来也：徒，徒步。这里是指步兵。徒来也：这里是说敌军的步兵到来了。

〔14〕散而条达：散，分散。条达，细长貌。散而条达：这里是指飞起的尘土分散而细长。

〔15〕樵采：樵，砍柴。采，伐木。樵采：这里是指敌军砍柴伐木。

〔16〕少而往来：这里是指飞起的尘土少而且是一来一往，此起彼落。

〔17〕辞卑而益备：辞，言辞。卑，谦卑。备，这里是指战备。辞卑而益备：这里是说敌方表面上言辞谦卑，实际上却在加强战备。

〔18〕进也：这里是指进攻。

〔19〕辞强而进驱：强，勉强。进驱，这里是指驱军前进。辞强而进驱：这里的意思是说，以诡诈的言辞作掩护，勉强驱军前进。

〔20〕轻车先出居其侧：轻车，战车。侧，这里是指侧翼。轻车先出居其侧：战车先出来列放在侧翼。

〔21〕陈也：陈，同"阵"。这里是布阵。

〔22〕无约而请和：约，约束。这里是指陷入困境。无约而请和：这里是指敌军没有陷入困境却主动请和。

〔23〕谋也：谋，这里是指的阴谋。

〔24〕奔走而陈兵车：敌军迅速奔跑，并且用战车摆开阵势。

〔25〕期也：期望、期求。

〔26〕半进半退：进进退退，似进似退。

〔27〕诱也：诱，引诱。

〔28〕杖而立者：这里是指敌军倚靠着武器站着。

〔29〕汲而先饮：汲，汲水。汲而先饮：这里是说汲水的敌军争着先喝。

〔30〕鸟集：鸟雀群集。这里是指军营之上，鸟雀群集。

〔31〕虚也：虚，空虚。

〔32〕夜呼者：这里是指敌军士卒半夜惊叫。

〔33〕恐也：恐惧、恐怖。

〔34〕军扰：扰，纷扰。军扰：这里是指敌军营内纷纷扰扰。

〔35〕将不重：不重，不持重。将不重：这里是指敌将不持重。

〔36〕旌旗动：动，摇动。旌旗动：这里是指旌旗不规则地摇动。

〔37〕乱也：这里是指敌军队伍混乱。

〔38〕吏怒：怒，躁怒。吏怒：这里是指敌军军官躁怒。

〔39〕倦也：这里是指敌军将士疲倦。

〔40〕粟马肉食：粟，粮食，这里作动词用。粟马，以粟喂马。肉食，这里是指宰杀牲口食肉。粟马肉食：用粮食喂马，宰杀牲口食肉。

〔41〕军无悬罐：罐，汲水用的瓦罐，这里泛指炊具。悬罐，悬起来供使用的炊具。军无悬罐：意思是指军中把炊具都收拾起来了。

〔42〕不返其舍：舍，这里是指的军营。不返其舍：意思是说士卒们不再回到军营去。

〔43〕穷寇：穷，穷途，无路可走。穷寇：无路可走，决意拼死突围的敌军。

〔44〕谆谆翕翕：谆谆，教诲不倦。翕翕，和合的样子。谆谆翕翕：这里是指敌军长官对士卒讲话显出一副诚恳和气的样子。

〔45〕徐与人言：徐，缓慢。徐与人言：轻言细语同别人谈话。

〔46〕失众：失去了众人之心。这里是指失去了军心。

〔47〕数赏：赏，奖赏。数赏：一再地奖赏。

〔48〕窘：窘迫、无计可施。

〔49〕困：困厄、困难。

〔50〕先暴而后畏其众：暴，暴虐、行暴。畏，畏惧。先暴而后畏其众：这里是说敌军长官先对部下横施暴虐，后来又害怕起部下来了。

〔51〕不精之至：精，精明。不精之至：不精明到了极点。

〔52〕来委谢者：委，委婉。谢，谢罪。这里是指赔礼谢罪。来委谢者：这里是指敌方派遣使者前来委婉地表示谢罪。

〔53〕兵怒而相迎：怒，愤怒。兵怒而相迎：这里是指敌军盛怒而来。

〔54〕久而不合：合，合战。久而不合：敌军久久地不向我军进攻。

【译文】

敌军靠近了我军却表现得很安静，这是因为他们依仗着有险可据；敌军距离我军较远，却不断地派兵前来挑战，这是希望激怒我军轻进；敌军在平坦的地带安营，这是因为形势对他们有利。树林摇曳摆动，说明敌军要来了；敌人在杂草丛生的地方设置许多障碍，这是想迷惑我军；敌方阵地鸟雀惊飞，说明敌军设有伏兵；野兽惊跑，说明敌军要大举进攻；敌方的尘土高扬，笔直朝上，这是兵车已出动；尘土飞起，分散而细长，这是敌军在砍柴伐木；尘土飞起甚少而且此起彼落，这是敌军在安营扎寨。敌方表面上言辞谦卑实际上却在加强战备，这是要向我军进攻；敌方以诡诈的言辞作掩护，勉强驱军前进，这实际上是准备撤退；敌方战车先出，列于侧翼，这是在布成阵式；敌军并未受到约束、陷入困境却要前来请和，这是包藏着阴谋；敌方士卒迅速奔跑，并用战车摆开阵式，这是期望与我军决战；敌军似进似退、进进退退，这是要引诱我军出战。敌方士卒倚着兵器站立，这是缺粮饥饿的表现；敌军见利而不进取，这是疲劳的表现。敌方军营之上鸟雀群集，这是军营空虚的征候；敌方士卒半夜呼叫，这是一种恐惧的表现；敌方军营纷纷扰扰，这是敌将威望不重的表现；敌方旌旗杂乱摆动，这是队伍混乱的表现；敌方军官容易躁怒，这是敌军十分疲劳、无法管理的表现；敌方军队以粟喂马，宰杀牲口，收拾炊具，士卒不再返回军营，这是面临绝境、决意拼死突围的穷寇。敌方军官姿态诚恳和蔼，轻言细语对士卒谈话，这说明已经失去军心；对士卒赏了又赏，这说明已无计可施；对部属罚了又罚，这说明已处于困境；对下属起初暴虐不堪而后又害怕下属叛变，这说明敌军将领极不精明。敌方派出使者前来委婉表示谢罪，这是企图休兵息战。敌军盛气而来却又久久地不向我军进攻，也不往后撤退，对于这种情况则应特别谨慎观察，以摸清其意图。

九 行军篇

【原文】

兵非多益也[1]，惟无武进[2]，足以并力、料敌[3]、取人而已[4]。夫惟无虑而易敌者[5]，必擒于人[6]。

【注释】

〔1〕兵非多益也：多益，以多为益，越多越好。兵非多益也：军队并不一定是越多越好。

〔2〕惟无武进：惟，只是。武进，恃勇轻进。惟无武进：意思是说，只是不要恃勇轻进。

〔3〕足以并力、料敌：足，足够。并，合并，引申为集中。料，预料，引申为判明。敌，这里是指的敌情。足以并力、料敌：意思是说，只要能充分地判明敌情，集中使用兵力就行了。

〔4〕取人：取，取得。人：这里是指部下。取人：这里是指取得部下的信任和支持。

〔5〕惟无虑而易敌者：惟，只有。易，轻易。易敌，轻易地

对待敌军。惟无虑而易敌者：这里的意思是说，只有那不深思熟虑而又轻视敌军的人。

〔6〕擒于人：被人所擒。

【译文】

　　用兵并不在于军队的数量越多越好，只要不恃勇轻进，并能判明敌情，集中使用兵力，取得部下的信任和支持就行了。只有那不深思熟虑而又轻敌的人，才会在战争中被敌军擒获。

【原文】

　　卒未亲附而罚之，则不服[1]；不服，则难用也；卒已亲附而罚不行，则不可用也。故令之以文[2]，齐之以武[3]，是谓必取[4]。令素行以教其民，则民服[5]；令不素行以教其民，则民不服。令素行者[6]，与众相得也[7]。

【注释】

　　〔1〕卒未亲附而罚之，则不服：亲附，亲近依附。罚，刑罚。卒未亲附而罚之，则不服：意思是说，当着士卒们还没有亲近依附时便施加刑罚，士卒们便会怨愤不服。

　　〔2〕令之以文：令，命令、号令。文，文教，这里是指政治教育。令之以文：这里的意思是说，要用政治教育的方法使士卒们接受命令。

　　〔3〕齐之以武：齐，整齐、统一。武，武力。这里是指强制性的军纪。齐之以武：这里的意思是说，要用强制性的军纪使士卒统一行动。

　　〔4〕必取：必定取得。这里是指必定会取得部下的敬畏与拥护。

　　〔5〕令素行以教其民：令，命令、军令。素，平素、平时。行，实行。令素行以教其民：这里的意思是说，要用平素发布的军令都必定坚决执行的事实来教育士卒。

　　〔6〕令素行者：平时的军令能得到贯彻和执行。

　　〔7〕与众相得：得，亲和。相得，关系融洽。与众相得：这里是指与部下关系融洽。

【译文】

　　当着士卒还没有明白道理亲近依附的时候，便施加刑罚，士卒们便会怨愤不服；当着士卒已经明白道理，亲近依附的时候，却根本不施刑罚，那样的军队也是不能作战的。所以说，带领军队既要用政治教育的方法，使将士接受命令，又要用强制性的军纪、军法统一将士们的行动，这样才必定能取得全军上下的敬畏和拥护。要用平常发布的每一项军令都必须坚决执行的事实来教育士卒，这样，士卒们才会信服；平常发布的军令不能严格执行，要去管理士卒，士卒是难以信服的。平时的军令能得到贯彻执行，这正是将帅同下级和士卒之间关系融洽的表现。

【战例】

贪小利赵国失五城

战国时期，诸侯之间互相争战。秦国与赵国结成联盟，约定一起攻打魏国并允诺，打败魏国后，将原属魏国的邺城割让给赵国。

魏王十分恐惧，召集群臣商议对策。最后，大夫芒卯献上一条妙计。他认为秦赵之间关系向来不好，现在他们联合在一起，不过是为了瓜分魏国领地来扩充自己。只要给赵国一点好处，它就会断绝与秦国的联合。魏王觉得他的话有理，于是采纳了他的建议。

派使者张倚出使赵国。张倚到了赵国向赵王表示愿意把邺城送给赵国。

听到唾手可得邺城，赵王心中大喜。但是张倚也趁机提出条件，他认为魏赵关系一直很好，而魏秦之间素有敌意，赵国必须与秦国断绝联盟才可以。

赵王与群臣商议后，决定接受邺城，而与秦国断交，并关闭了与秦的边境通道。为了兑现与魏国达成的协议，就派一支部队去接收邺城。守城的大夫芒卯却不承认这项承诺，把责任都推给了张倚。

直到此时，赵王才知上了魏国的当。而秦王也正因赵国的毁交之事而恼怒，准备联合魏国攻打赵国，赵国处于十分危险的地位。

赵王没有办法只得把五座城池割让给魏国，来让魏国帮助自己抵抗秦国。

善察敌情　取胜有望

公元前575年四月，晋厉公联合齐、宋、鲁、卫四国攻打郑国。楚国是郑国的盟友，立即出兵支援。双方的军队在鄢陵（今河南鄢陵西北）相遇。

当时，楚郑联军共有兵车五百三十乘，将士九万三千人。晋军先期到达鄢陵，有兵车五百乘，将士五万余人，而宋、齐、鲁、卫的军队还没有到达鄢陵。楚共王见诸侯各军未到，就想乘机击溃晋军，因此命令大军在晋军大营附近列阵。

晋厉公率众将登上高地观察楚军列阵情况，并研究决战计划。晋将大多惧于楚郑联军的兵力优势，主张坚守不战，以待友军来到。晋军中军主将栾书在仔细观察敌阵后，发现楚郑联军士气不佳，认为几天之后，楚郑联军必然疲乏，因此也主张等待友军来到后再出战。惟有新军副将郤至在观察了敌阵之后发表了主战的意见。郤至说："根据我的观察和掌握的情报来看，楚郑联军有六个致命的弱点，立即出击，定能获胜。第一，楚军人数不少，但老兵多，这些老兵行动迟缓，根本没有什么战斗力；第二，郑国的军队一团糟，到现在还没有列成像样的阵势，这说明他们缺乏训练，不堪一击；第三，两军都在喧闹不止，没有一点临战的紧张气氛；第四，据我所知，不但楚郑两军协调不好，就是楚军内部，中军和左军也在闹意见……"

郤至说得有理有据，晋厉公和众将都赞同郤至的建议：立即发起进攻。

将军苗贲皇原是楚国人，对楚军很熟悉，乘机献计道："楚军的精锐全在中军，只要能打败他的左、右两军，再合力攻打中军，楚军必败。"

晋厉公接受了苗贲皇的建议，命令晋军首先向楚右军和郑军发起猛烈攻击。战斗开始后，晋厉公的战车忽然陷入泥沼中，进退不得，楚共王远远地看在眼里，亲自率领一支人马杀奔而来，企图活捉晋厉公。不料"螳螂扑蝉，黄雀在后"，晋将魏锜早已发现楚共王的企图，一箭射去，正中楚共王的左眼。楚共王拔箭，连眼珠都带了出来。楚军见楚共王负伤，军心浮动。这时候，晋厉公的战车从泥沼中挣脱出来，并指挥晋军掩杀过去；楚军以为诸侯四国的军队已经赶到，阵势大乱，纷纷后撤，一直退到颍水（今河南许昌西南）南岸方才停止，当天晚上就班师回国了。

晋军以少胜多，论功行赏，郤至立下首功。晋厉公奖赏众将士后，在鄢陵连饮三天，而后凯旋而归。

十　地形篇

【提要】

本篇主要论述为将者如何善于利用地形之利，以克敌制胜的问题。文中首先提出用兵打仗经常会遇到"通形""挂形""支形""隘形""险形""远形"等六种地形。为将者应审慎判明各种不同地形并采用不同的战法加以利用。接着提出在战争中出现"走兵""弛兵""陷兵""崩兵""乱兵""北兵"等六种情况，主要不应归咎于地形不利，而应归咎于主将领兵失误。进而指出在作战过程中，要克敌制胜，处于有利地形只是辅助条件，关键是为将者要会带兵，会打仗，具备应有的主观素质：一是能准确地判明敌情，了解地形的险厄远近，并能从战胜敌人、保护人民利益出发，一切按战争规律办事，"进不求名，退不避罪，惟民是保"。二是亲爱士卒，使其甘心情愿赴汤蹈火，与主将同生死。三是对敌我双方的情况，对天时、地利情况都非常了解。即所谓"知己知彼，胜乃不殆；知天知地，胜乃无穷"。

【原文】

孙子曰：地形有通者，有挂者，有支者，有隘者，有险者，有远者。我可以往，彼可以来，曰"通"。通形者，先居高阳[1]，利粮道，以战[2]则利。可以往，难以返，曰"挂"。挂形者，敌无备，出而胜之[3]；敌若有备，出而不胜，难以返，不利。我出而不利，彼出而不利，曰"支"。支形者，敌虽利我[4]，我无出也，引而去之[5]，令敌半出而击之，利。隘形者[6]，我先居之，必盈之以待敌[7]；若敌先居之，盈而勿从[8]，不盈而从之[9]。险形者[10]，我先居之，必居高阳以待敌；若敌先居之，引而去之，勿从也。远形者[11]，势均，难以挑战[12]，战而不利。凡此六者，地之道也[13]，将之至任[14]，不可不察也。

【注释】

〔1〕先居高阳：先，这里是指抢先。高阳：这里是指地势高而朝阳的地方。
〔2〕利粮道，以战：利粮道，有利于粮道，即保持粮道畅通。利粮道，以战：

意思是说选择有利于保持粮道畅通的地方作战。

〔3〕出而胜之：出，出战、出击。出而胜之：这里的意思是指出战可以取得胜利。

〔4〕敌虽利我：利，这里是指利饵，以利引诱。敌虽利我：这里的意思是说敌军以利为饵引诱我军。

〔5〕引而去之：引，这里是指引军、带领军队。引而去之：这里的意思是指带领军队佯装撤走。

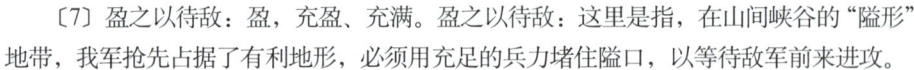

〔6〕隘形：隘，狭窄。隘形：这里是指两山之间的峡谷地带。

〔7〕盈之以待敌：盈，充盈、充满。盈之以待敌：这里是指，在山间峡谷的"隘形"地带，我军抢先占据了有利地形，必须用充足的兵力堵住隘口，以等待敌军前来进攻。

〔8〕盈而勿从：这里的"盈"是指敌军兵力充盈。从，跟从，这里可作"进攻"解。盈而勿从：这里的意思是说，当敌军已用充足的兵力把守住山隘口时，我军就不能进行攻击。

〔9〕不盈而从之：这里是指敌军没有用足够的兵力把守山隘口，便可以进行攻击。

〔10〕险形：险，险恶。险形：这里是指一种涧壑坑坎、崎岖不平的地形。

〔11〕远形：这里是指敌军营寨距离我军营寨较远的地形。

〔12〕势均，难以挑战：势均，势力相当、形势相当。势均，难以挑战：这里的意思是说，敌我双方力量和所处的地形都差不多，而且又不便于挑战。

〔13〕地之道：道，道路、方法、原则。地之道：这里是指用兵打仗，利用地形的原则。

〔14〕将之至任：至任，最重大的责任。将之至任：为将者最大的责任。

【译文】

孙子说：在行军打仗的过程中，所遇到的地形有通形、有挂形、有支形，有隘形、有险形、有远形。我军可以往，敌军也可以来的叫作"通形"。遇到"通形"，先占据地势高而向阳，且又有利粮道畅通的阵地，就会对作战有利。可以前往却难以返回的地形叫作"挂形"。遇到"挂形"，如果敌方没有准备，我军可以出击取胜；如果敌方有准备，我军出击将不能取胜，而且还难以返回原来的阵地。我军出击不会得利，敌军出击也不会得利的地形叫作"支形"。遇到"支形"，敌军虽然以利饵引诱我军，我军也不应出击；而要佯装撤退，引诱敌军前出一半而后回击之，就会有利。遇到两山之间峡谷地带的"隘形"，如果我军先占领了有利阵地，一定要以充足的兵力把守隘口，等待敌军前来进攻；若是敌军先占据了有利阵地，则当他们以充足的兵力把守隘口时，我军不可以进攻；如若敌军未用充足的兵力把守隘口，我军便可以发起攻击。遇到涧壑坑坎、崎岖不平的"险形"，如果我军先期到达，必定要占据地势高而向阳的阵地以等待敌军到来；如果是敌军先期到达，我军则应主动撤离而不可进攻。对于双方营寨相距较远的"远形"，在双方实力相当且不便于挑战的情况下，如果硬要出战，就会不利。以上六点，是利用地形的法则，是为将者最重大的责任之所在，是不可不认真考察的。

【原文】

故兵有走者[1]，有弛者[2]，有陷者[3]，有崩者[4]，有乱者[5]，有北者[6]。凡此六者，非天之灾[7]，将之过也[8]。夫势均，以一击十，曰"走"[9]；卒强吏弱，曰"弛"[10]；吏强卒弱，曰"陷"[11]；大吏怒而不服[12]，遇敌怼而自战[13]，将不知其能[14]，曰"崩"；将弱不严[15]，教道不明，吏卒无常[16]，阵兵纵横[17]，曰"乱"；将不能料敌，以少合众[18]，以弱击强，兵无选锋[19]，曰"北"。凡此六者，败之道也，将之至任，不可不察也。

十 地形篇

【注释】

〔1〕兵有走者：兵，这里是指的败兵。走，这里是指的逃走。兵有走者：这里是指一种临敌败逃之兵。

〔2〕有弛者：弛，松弛。有弛者：这里是指兵有弛者。即指一种士气不高，纪律涣散难以约制的军队。

〔3〕有陷者：陷，陷没。有陷者：这里是指兵有陷者。即指一种士卒毫无斗志，只靠为将者孤身对敌，以致全军陷没的军队。

〔4〕有崩者：这里是指兵有崩者。崩，崩溃。有崩者：这里是指一种崩溃四散的军队。

〔5〕有乱者：这里是指兵有乱者。乱，混乱。有乱者：这里是指一种官兵关系混乱紧张，列队布阵杂乱无章的军队。

〔6〕有北者：北，败北。有北者：这里是指兵有北者，是指的一种一遇战斗，便必打败仗的军队。

〔7〕天之灾：天，这里是指天然、自然，可引申为自然条件。天之灾：自然条件的灾害。

〔8〕将之过：过，过失、过错。将之过：为将者的过失。

〔9〕夫势均，以一击十，曰"走"：势均，指势均力敌。夫势均，以一击十，曰"走"：这里的意思是说，在双方指挥水平、战斗力，乃至所处地形都相当的情况下，却以我方一成兵力去对付敌人10倍于我的兵力，必然会寡不敌众，见敌就跑，这就叫作"走兵"。

〔10〕卒强吏弱，曰"弛"：士卒强悍，将帅懦弱，与敌作战，士气不振，指挥不灵，难以制约，这就叫作"弛兵"。

〔11〕吏强卒弱，曰"陷"：将吏勇敢，但士卒怯弱，没有战斗力，对敌作战，终将陷入覆没。这就叫作"陷兵"。

〔12〕大吏怒而不服：大吏，这里是指部队高级军官。怒，怨怒。服，服从。大吏怒而不服：这里的意思是说，部队的高级军官心怀怨怒，不服从调遣。

〔13〕对敌怼而自战：怼：怨愤。对敌怼而自战：这里的意思是说，对敌人满怀怨愤而擅自出战。

〔14〕将不知其能：将，这里是指主将。其，代词，指大吏，即部队的高级军官。将不知其能：意思是说，统帅部队的主将不了解下面高级军官的才能。

〔15〕将弱不严：将，主将。弱，懦弱。严，指号令严明。将弱不严：部队主将懦弱无能，号令不严。

〔16〕吏卒无常：无常，指没有法纪、常规。吏卒无常：这里的意思是说，长官与士卒都没有规矩约束，相互关系也失去常态。

〔17〕阵兵纵横：阵兵，布兵列阵。纵横，指纵横交错，杂乱无章。阵兵纵横：布兵列阵杂敌无章。

〔18〕以少合众：合，合战，即交战。以少合众：这里的意思是说，以少数兵力来对抗人数众多的敌军。

〔19〕兵无选锋：选，挑选。锋，先锋，这里是指先头部队。兵无选锋：打仗时，没有经过挑选的精锐先头部队。

【译文】

所以，败兵有"走兵"，有"弛兵"，有"陷兵"，有"崩兵"，有"乱兵"，有"北兵"。所有这六种兵，都不是由于自然条件的灾害，而要归咎于为将者用兵的过错。敌我双方各方面条件相当，势均力敌，却要去以一击十，以致临敌败逃的叫作"走兵"；士卒强悍而将官懦弱，以致与敌作战，士气不振，指挥不灵的，叫作"弛兵"；将官强勇而士卒怯弱，只靠为将者孤身对敌，以致全军陷没的叫作"陷兵"；部队高级将官怨怒而不服指挥，只凭一腔对敌愤怒而擅自出战，且主将又不知其用兵才能，以致临阵之时，势不能敌，士卒溃逃如土崩瓦解的，叫作"崩兵"；为将者懦弱无能，号令不严，教导不明，以致官兵关系很不正常，布阵混乱，不堪一击的叫作"乱兵"；为将者不能判明敌情，以寡敌众，以弱敌强，又无精锐的前锋部队，以致遭到败北的，叫作"北兵"。以上六种情况，都是导致打败仗的必然规律，也是主将最重大的责任之所在，是不可以不仔细考察的。

【原文】

夫地形者，兵之助也[1]。料敌制胜，计险厄、远近[2]，上将之道也[3]。知此而用战者必胜，不知此而用战者必败。

【注释】

〔1〕兵之助：兵，这里是指用兵作战。兵之助：这里的意思是指，用兵作战的辅助条件。

〔2〕计险厄、远近：计，算计。险厄，险要。计险厄、远近：算计地形的险要和路途的远近。

〔3〕上将之道：上，上等，这里是指智慧才能属于上等。道，这里是指用兵之道。上将之道：这里的意思是指，智慧才能高明的将领的用兵之道。

【译文】

有利的地形，只是用兵打仗的辅助条件。能够正确判明敌情而制胜，能够仔细计算地形的险厄远近而用兵，才是精明能干的将领的用兵方法。懂得以这种方法用兵打仗，就必定会取得胜利；不懂得以这种方法用兵打仗，就必定会失败。

【原文】

故战道必胜[1]，主曰无战[2]，必战可也；战道不胜，主曰必战，无战可也。故进不求名[3]，退不避罪[4]，惟人是保[5]，而利合于主[6]，国之宝也[7]。

【注释】

〔1〕战道必胜：战道，战争的规律。战道必胜：这里的意思是指，按照战争自身的规律办事，必然会取胜。

〔2〕主曰无战：主，君主。主曰无战：君主讲不能战。

〔3〕进不求名：进，这里是指进攻。进不求名：向敌人发起进攻不是为了个人的名声。

〔4〕退不避罪：退，这里是指退却。退不避罪：意思是说，撤退军队也不回避违命的罪责。

〔5〕惟人是保：惟，惟一，只有。人，这里是指广大民众的利益。保，保护。惟人是保：惟一的目的就是保护广大民众的利益。

〔6〕利合于主：利，利益。合，符合。主，君主。利合于主：对君主有利。

〔7〕国之宝：宝，宝贵财富。国之宝：国家的宝贵财富。

【译文】

所以说，按照战争规律必定会取得胜利的，即便是君主说是不能战，也必定要出战；相反，如果按照战争规律不能取得胜利，哪怕是君主说要战，也不能出战。所以，作为三军主帅，用兵打仗，进攻不是为了求取个人名声；退却也决不回避违命的罪责，惟一的目的是要保护广大民众利益；而这也会符合君主的根本利益。这样的主帅正是国家的宝贵财富啊！

【原文】

视卒如婴儿〔1〕，故可与之赴深谿〔2〕；视卒如爱子，故可与之俱死。厚而不能使〔3〕，爱而不能令〔4〕，乱而不能治。譬若骄子，不可用也。

【注释】

〔1〕视卒如婴儿：视，对待。视卒如婴儿：对待士卒就像对待婴儿一样关心。

〔2〕可与之赴深谿：可以与人共患难。深谿，很深的溪谷。

〔3〕厚而不能使：厚，这里指厚待。使，使用，使唤。厚而不能使：意思是说，虽然厚待他们，却又不能使用他们。

〔4〕爱而不能令：令，命令。爱而不能令：意思是说，虽然很疼爱他们却又不能命令他们。

【译文】

为将者，对待士卒就像对待婴儿那样关心他们，他们便会甘愿与你共患难；对待士卒就像对待爱子那样疼爱他们，他们便会甘愿与你同生死。厚待士卒却不能使用他们，爱护士卒却不能命令他们，士卒们扰乱军纪却不能管治他们，这样的士卒就像娇生惯养的儿子，那是没有什么用的。

岳飞（1103—1142），南宋抗金名将。字鹏举，谥武穆，后改谥忠武。改封鄂王。相州汤阳（今河南汤阴县）人。

【原文】

知吾卒之可以击〔1〕，而不知敌之不可击，胜之半也；知敌之可击，而不知吾卒之不可以击，胜之半也；

知敌之可击，知吾卒之可以击，而不知地形之不可以战，胜之半也。故知兵者，动而不迷[2]，举而不穷[3]。故曰：知彼知己，胜乃不殆；知天知地，胜乃不穷[4]。

【注释】

〔1〕知吾卒之可以击：知，知道，了解。吾，这里是指自己的军队。击，打仗。知吾卒之可以击：了解自己的军队可以作战。

〔2〕动而不迷：动，行动。这里是指军事行动。迷，迷误。动而不迷：采取某种军事行动却不致发生迷误。

〔3〕举而不穷：举，举动、举措。穷，穷尽。举而不穷：举措千变万化，没有穷尽。

〔4〕胜乃不穷：穷，穷尽。胜乃不穷：可以取得完全的胜利。

【译文】

了解自己的军队可以打仗，而不了解敌军不可以进攻，这只有一半取胜的可能性；了解敌军可以进攻，也了解自己军队有力量向敌军进攻，但却不了解所处的地形不宜于向敌军发起进攻，这样也只有一半取胜的可能性。所以，真正懂得用兵的人，他的每一个军事行动都是非常清楚而不会迷惑的，他的举措也是千变万化，应用无穷的。所以说：既了解我军一方，也了解敌军一方，争取胜利将不会有危险；再加上既知天象，又知地形，那就能取得完全的胜利了。

【战例】

曹操奇袭塞北

官渡大战之后，袁绍病倒，曹操决定对付袁绍的三个儿子，铲草除根。他先杀死了袁绍的大儿子袁谭。剩下来的两兄弟袁熙、袁尚，无力抵抗曹操，便逃到北方，请求雄居当地的异族乌桓庇护。曹操打算北讨乌桓，这样既可以斩草除根，又可以安定边境。

大多数将领都反对这项出兵行动。他们认为，乌桓为人贪而无信，不一定会帮助亡命天涯的袁尚。而且，如果出兵的话，南方的刘表可能结合刘备的势力，攻击首都许昌，威胁到曹操的大本营。

足智多谋的郭嘉却不以为然。他有三点理由：

1. 乌桓处在偏远地区，对曹操一定不加防范。曹操发动奇袭可彻底歼灭他们。

2．袁绍原来统治的青、冀、幽、并四州人民，对曹操没有完全顺服，如果联合乌桓的力量，发动四州的死忠之士，对曹操十分不利。

3．刘表只会高谈阔论，才干不足，不足为虑。由于刘表自知无法驾驭刘备，肯定不会重用他。这就免除了曹操远征的后顾之忧。

曹操十分赞同郭嘉的分析，远征计划就此定案。

曹操的大军在夏天出发，抵达塞北后，才发现当地地理条件实在太恶劣了。惟一的干道被滂沱大雨淹没，车马不通，又不能行船。再加上乌桓军队扼守在险要之处，曹军一时难以出击。

地形不熟，环境险恶，曹操打算退兵。幸好军中有一名叫田畴的人，他隐居当地多年。他向曹操提供了一条断绝了近两百年的道路，虽然走起来非常吃力，又是小路，又是山路、险道，但是距离短，而且这种行军路线完全大出乌桓军的意料，使军队奇袭乌桓，克敌制胜。

曹操几经考虑，决定采用田畴之计，以迂回作战方式，杀对方个措手不及。为达到欺敌目的，曹操假装退兵，并竖起通告表示："炎夏多雨，道路不通，等到秋天再行进攻。"

乌桓的部队以为曹操真的退兵了，没有料到曹操大军在田畴的引导下，翻山越岭长驱五百余里，直逼乌桓的大本营——柳城，两军在离城二百里不到的地方相遇。

当时曹军刚登上白狼山，形势对曹操相当不利。曹操的兵力不及乌桓姑且不说，辎重还在后头。曹操所率领的轻骑兵，都显得害怕，但曹操观敌阵时发现，乌桓部队阵式不整，不如想象的厉害。曹操命张辽为前锋，不费吹灰之力，大败乌桓军，使乌桓首领被杀，二十余万人投降。

袁绍的两个儿子袁尚、袁熙，趁敌军逃走，投奔辽太守公孙康。曹操却不急着追击，他确信过不了多久，袁尚、袁熙就会被公孙康砍头。

果然如此，几天后袁氏兄弟的头颅高挂在曹操营中。众人不解请曹操说明他是用什么方法，不动一兵一卒就使公孙康主动把袁氏兄弟的首级送来。原因在于公孙康戒备心很重，如果曹操出兵他就会和袁氏兄弟同仇敌忾，但如果曹操不出击，他就会和袁氏自相残杀。

东晋灭南燕之战

淝水之战后，前秦政权为姚苌、姚举建立的后秦所取代。北方原在前秦控制下的各族上层又建立起十几个割据政权，出现了再度分裂的局面。它们

刘裕　字德舆，小名寄奴。祖籍彭城（今江苏徐州市），南北朝时期宋朝的建立者，史称宋武帝。

互相争夺，战乱不已。这些割据政权主要有后燕、西燕、南燕、北燕、大夏、西秦、北魏、南凉、后凉、西凉、北凉等。南燕慕容德原是后燕的范阳王，久镇邺城（今河北临漳西南）。396年北魏军南下，后燕被截割为南北两部。南部的慕容德屡被魏军所困，于398年迁往滑台（今河南滑县）建立南燕。又因滑台四面受敌，于次年将都址迁往广固（今山东益都县西北）。在这些割据政权中，比较强大的政权是北魏，与东晋连壤的是南燕和后秦。东晋在淝水之战后收复了徐、兖、青、司、豫、梁六州（今山东、江苏、河南、陕南），但不久因东晋内部争权夺利，这些地方得而复失，为南燕、后秦占领。在不久爆发的孙恩起义、桓玄叛乱中，平民出身的刘裕因镇压起义和平息叛乱而官至车骑将军，掌握了东晋朝廷的军政大权。

刘裕当权后，在政治上实行排除异己，强化自己势力的措施；经济上，他迫于农民起义的压力，实行了减轻征调徭役、田租，以缓和阶级矛盾；军事上以恢复中原为号召，训练军队，积极准备北进。这些措施的实行，使刘裕在东晋政权中的地位得到巩固，东晋的经济实力也逐渐增强。这时，刘裕开始酝酿北伐战争的战略。刘裕将南燕列为北伐战争的第一个目标，欲一举灭南燕，收复失地，进一步提高自己的声望。在灭南燕之战中，刘裕准确地判断敌情，慎重选择了北伐的路线，利用地形之变灵活地变换战术，取得了北伐的胜利。

晋义熙五年（409），南燕主慕容超派将军慕容兴宗率骑兵攻陷东晋的宿豫（今江苏宿迁），俘宿豫的阳平太守和济阴（今山东定陶西北）太守而去。不久又派将军公孙攻陷济南，俘太守及百姓男女千余人而去。彭城以南的广大民众纷纷筑坞堡自卫，抗击南燕军。刘裕为争取广大民众的支持，提高自己的威望，决定北伐南燕，恢复故地。

刘裕进攻南燕的主张，除得到左仆射孟昶、车骑司马谢裕等少数人的支持外，多数朝臣对灭燕的信心不足。刘裕分析了南燕国土幅员较小，政治腐败及没有长远的战略眼光等弱点，决心北伐灭燕。刘裕制定了沿途筑城，分兵留守，巩固后方，主力长趋北进的作战方针。同年四月十一日，刘裕率兵十余万从建康出发，由水路过长江，由淮水至泗水前进。五月，刘裕抵达下邳（今江苏邳北），留下战船辎重，率步骑向琅琊（今山东临沂北）进发。刘裕在所过之处沿途筑建城堡，分兵留守，以防南燕骑兵的袭击和切断后路。不久，晋军到达南燕境内的琅琊。晋军到达时，南燕已风闻晋国北伐军将至，急忙将营城（今山东莒县）、梁父（今山东泰安）的守军撤走。晋军继续向前开进，欲从琅琊至广固直捣南燕都城。当时，自琅琊至广固有三条路：一是由琅琊经莒城，越大岘山（今山东沂水北）直趋临朐、广固。这是条捷径，水路运输比较方便。但大岘山很险峻，山高七十丈，周围二十里，其上关口（今穆陵关）仅能通一车，号称"齐南天险"。二是向东北经营城、东武（今山东诸城）入潍水北上，再转而西趋广固。这条路比较迂远，劳师费时。三是向北越泗水经梁父，转而向东北达广固。这条路山路过长，不利行军，运输困难。刘裕根据南燕鲜卑人战前曾利用其骑兵优势二次攻入东晋，仅仅掠掳而去而不攻城占地的事实，判断南燕首领定是没有远计的贪婪之徒，又从南燕弃守莒城、梁父等要地的情况，判断燕军是不准备在大岘山以南作战，而意在让晋军主力深入南燕腹地，以便依托临朐、广固等坚城，在平坦地区同晋作战，以发挥他们的骑兵优势。刘裕通过对南燕的分析，决定走第一条线路。刘裕手下的部将有些疑虑，提出："如果南燕军恃大岘山之险伏击我军，或坚壁清野绝我粮资，我军孤军深入，恐怕不仅无法灭燕，而且还将败无归路。"刘裕向他们解释道："我已经谨慎考虑过了。鲜卑人贪得无厌，不知深谋远虑，进则专思抢掠，退则吝惜禾苗；他们一定以为我孤军深入，不能持久；他们进不会过临朐，退不会守广固，我敢断定，他们绝不会守险清野。"刘裕的解释，坚定了部将北越大岘山、直捣南燕腹地同燕军作战的决心。

在南燕，慕容超听说东晋军北上，便召群臣议与晋作战对策。征虏将军公孙五楼向慕容超提出上、中、下三策。他认为，晋军远道而来，利在速战，我军不要与之争锋，宜扼守大岘，阻其深入，旷日持久，挫其锐气；然后选精骑沿海南下，绝其粮道，另命兖州（州治梁父）之兵缘山东下，腹背夹击。这是上策。命令各地郡守依险固守，坚壁清野，毁掉田里的庄稼，使晋军无粮可掠，求战不得，旬月之间即可获胜。这是中策。纵敌入岘，然后出城拒战，此为下策。公孙五楼的上策是比较可取的。如采取这一方略，燕军可凭险固守，阻晋军进入南燕腹地，即使退却，也有利于发挥燕军骑兵的作用。这一计策可谓是可攻可守，可以坚持较长时间的作战。但是，慕容超没有采纳。他认为东晋远道而来，一定疲惫，势不能久。而自己据五州（南燕设并、幽、徐、兖、青五州）之地，拥富庶之民，铁骑万群，麦禾布野，为何先除苗徙民，使自己受损失呢？慕容超采纳了公孙五楼的下策，不听手下将领的谏阻，调回莒城梁父的守军，修筑广固城池，整顿兵马以待晋军。

六月十二日，晋军到达东莒，接着兵过大岘山。刘裕见晋军已过险地，高兴地对左右说："现在我们已顺利过了危险地带，士卒深入敌腹地，令拼死作战；原野上到处是成熟的庄稼，我军无缺粮之忧，可以说，胜利离我们不远了。"不久，晋军临近临朐。南燕、东晋军交相争夺水源城，展开了激烈的争夺战。晋军以死力争，夺取了水源。晋军夺得水源后，刘裕布置军队准备与南燕军争夺临朐。六月十八日，晋军主力到达临朐城南附近。慕容超出主力骑兵夹击晋军。刘裕针对南燕骑兵在平川作战时所具有的优势，布置晋军以车兵四千名在步兵的两翼，以骑兵在车后机动，组成一个步、骑、车兵相互配合的阵势。这种阵势有效地抵御了燕军骑兵对晋军步兵主力的冲击，兵车上的长矛还阻碍了骑兵的进攻。双方激战半日，未见胜负。参军胡潘向刘裕建议出奇兵走偏僻的小道去袭击临朐城。刘裕接受他的建议，派兵奇袭临朐。临朐守城兵力薄弱，被晋军一举攻下。慕容超惊慌失措，率领余部逃到了广固城中，晋军首战告捷。

晋军在临朐取胜后，连夜乘胜发起追击，直逼广固城下。广固城四周绝涧，一时难以攻取。刘裕命晋军修筑长墙围困敌军，同时就地取粮，停止了从后方运送粮草。慕容超不是积极防御，而是一心指望后秦的援兵到来，消极地等待援兵。晋军一方面对敌展开了强有力的政治攻势，瓦解敌军；一方面利用敌降将张纲善于制造攻城器具的特长，让他设计出新的攻城器具。义熙六年（410）二月初，晋军四面攻城，尚书悦寿开门迎降。慕容超率数十名骑兵突围逃走，后被晋军追获，送建康城斩杀。至此，东晋灭南燕之战以晋胜燕亡而告结束。

东晋灭南燕之战，刘裕能够取胜的主要原因，在于他了解敌人，了解自己，同时也了解地形对于己方的利弊。他正确地分析了南燕政权贪婪、知近利而无远虑的特点，料定目光短浅的慕容超不会凭险固守大岘山，果断地选择了一条捷径直入敌国腹地。刘裕在这次战争中，不仅"料敌制胜，计险厄远近"，而且做到了孙子所说的"动而不迷，举而不穷"。他善于根据敌情制订相应的作战措施，采取灵活的战术、战法来战胜敌人。刘裕根据南燕骑兵善于在平川地形作战，而晋军步兵在平川作战又容易被骑兵冲垮的情况，将车阵这一古老的作战队形与战法运用到作战中，组成了一个步、骑、车兵相结合的阵势，在作战中有效地抑制了燕军之所长。在两军相持时，刘裕及时运用奇兵袭击敌人薄弱的后方，有力地打击了敌人，为取得最后胜利奠定了基础。

反观燕军之所以失败，除了慕容超目光短浅与骄横自负外，另一重要原因还在于慕容超不懂得如何利用地形的便利克敌制胜。孙子在《孙子兵法·地形篇》说："隘形者，我先居之，必盈之以待敌"，"险形者，我先居之，必居高阳以待敌"，慕容超违背了孙子所说的这些原则，弃大岘山之险不守，放弃了能有力地阻击敌人进攻的地形而过早与敌军决战，结果首战失败，丧失了战场的主动权，军队的士气也受到严重的影响，因而导致了最终失败。这一历史教训，值得后辈认真总结。

十一 九地篇

【提要】

本篇着重从人的心理因素和情绪因素角度论述如何因利乘便，利用地形，发挥人的战斗积极性，以克敌制胜。文中首先总论"九地"的特点和战法。接着论述行将对敌国宣战，举兵出征时，政府应采取的基本方略、措施，以及灵活机动、屈伸应敌以趋利避害的策略。进而论述大军深入敌后，将军的决心与处置。主要是强调大胆深入敌境。认为只有深入敌境，置军队于险地，士卒们才会患难与共、生死相扶，团结一致，专心对敌，才会生发一种决死心情，奋勇杀敌，有进无退。最后总结用兵打仗，必须对地形的特点，屈伸的利益，以及人的心理、感情因素的变化都有详细的考察和研究，才能率领三军克敌制胜。

【原文】

孙子曰：用兵之法，有散地[1]，有轻地[2]，有争地[3]，有交地[4]，有衢地，有重地[5]，有圮地，有围地[6]，有死地[7]。

【注释】

[1] 散地：在自己国土内同敌人作战的地域。由于在这种地方作战，遇上危急情况，士卒们容易因恋家而逃散，所以叫作"散地"。

[2] 轻地：进入敌国境内不深的地域。由于这种地方离本国尚近，士卒们怀恋家园，意志尚不专一，打起仗来，难进易退，所以叫作"轻地"。

[3] 争地：敌我双方，无论哪一方夺得都有利的地域。由于这种地域，敌我双方都要争夺，所以叫作"争地"。

[4] 交地：一种我可以往，敌可以来，四通八达，不可堵绝的地域。

[5] 重地：进入敌国境内很深、所经过的敌国城廓已经很多，归路已断，难以退还的地域。

[6] 围地：一种进入的道路狭窄险峻，返回的道路迂回曲折，敌军只需用少量兵力便可对付我众多军队的地域。

[7] 死地：一种背山阻水，粮草断绝，进不得前，退又有阻，或者是被敌军重重围困，难以冲出的地域。处于这种地形，只有迅速决一死战方有生存希望；否则，拖延时日必将陷于灭亡，所以叫作"死地"。

【译文】

孙子说：掌握用兵的法则，就要懂得在军事地理上有散地，有轻地，有争地，有交地，有衢地，有重地，有圮地，有围地，有死地。

【原文】

诸侯自战其地，为散地；入人之地而不深者，为轻地；我得则利，彼得亦利者，为争地；我可以往，彼可以来者，为交地；诸侯之地三属[1]，先至而得天下之众者，为衢地；入人之地深，背城邑多者，为重地；行山林、险阻、沮泽，凡难行之道者，为圮地；所由入者隘，所从归者迂，彼寡可以击吾之众者，为围地；疾战则存，不疾战则亡者，为死地。

【注释】

[1] 诸侯之地三属：三，泛指众多。属，归属。诸侯之地三属：这里是指与众多诸侯国交界的地方。

【译文】

在本国境内作战的地方，叫作"散地"；已经进入别国境内，但还没有深入，在这样的地方作战，叫作"轻地"；我方占据有利，敌方占据也有利的地方，叫作"争地"；我军可以前往，敌军也可以到来的地方，叫作"交地"；同几个国家毗邻，谁先占有就能得到其他诸侯国援助的地区，叫作"衢地"；进入敌国境内已经很深，背靠敌国许多城邑的地区，叫作"重地"；行军到达山林、险阻、水网、沼泽地带，以及一切难以通过的地区，叫作"圮地"；进去的道路狭窄，返回的道路迂回，敌军只要占领险要便可以寡击众的地方，叫作"围地"；奋起速战可能生存，否则必将全军覆没的地区，叫作"死地"。

【原文】

是故散地则无战[1]，轻地则无止[2]，争地则无攻[3]，交地则无绝[4]，衢地则合交，重地则掠[5]，圮地则行，围地则谋[6]，死地则战[7]。

【注释】

〔1〕散地则无战：无战，不要轻战。散地则无以战：这里是说在本国境地不宜轻战，以免士卒因恋家而逃散。

〔2〕轻地则无止：无止，指部队不要逗留，不要停止前进，以免士卒因离家路程不远而轻易退走。

〔3〕争地则无攻：无攻，不应攻取。争地则无攻：是说对于争地，应先期占领，如已被敌方所占，则不应拼力攻取，以免损耗太大。

〔4〕交地则无绝：无绝，指各种部队要首尾相联。不可使其断绝。交地则无绝：意思是说，进入道路四通八达的交地时，应使各种部队首尾相联，不可使断绝，以防敌军乘隙攻击。

〔5〕重地则掠：掠，这里是指掠取敌国积蓄的粮食。重地则掠：意思是说，当部队深入敌国境内很远时，就要掠取敌国的粮食，以保证源源不断地供给军粮。

〔6〕围地则谋：谋，这里是指出奇谋。围地则谋：这里是说，进入前有隘、后有险、返回的道路迂回曲折的围地时，应运用奇谋以取胜。

〔7〕死地则战：战，这里是指迅速决一死战。死地则战：是说当部队处于敌军围困数重或背山阻水、粮草断绝，进不得前，退又有阻的死地时，必须号令士卒迅速决一死战。

【译文】

因此，处于"散地"，便不宜于轻战以免士卒因恋家而临阵逃散；处于"轻地"，便不能停留，以免士卒因怀恋故土而轻易退却；处于"争地"，如果敌军先占据阵地，便不要强攻，以免过多消耗自己的有生力量；进入"交地"便不能使行军队伍中断，以免敌军乘隙攻击；进入"衢地"便要主动与邻国结交，以取得他们的支持；进入"重地"，便要掠取敌国的粮食，以保证我军粮草的供应；进入"圮地"，便要使部队迅速通过，以免遭到敌军奇兵的袭击；进入"围地"，便要设奇谋突围，以免遭到敌军的围歼；进入"死地"，便要号令将士，迅速决一死战，以求击溃敌军，获得生还。

【原文】

所谓古之善用兵者，能使敌人前后不相及[1]，众寡不相恃[2]，贵贱不相救[3]，上下不相收[4]；卒离而不集[5]，兵合而不齐[6]。合于利而动，不合于利而止。敢问："敌众整而将来[7]，待之若何[8]？"曰："先夺其所爱[9]，则听矣[10]。"兵之情主速[11]，乘人之不及[12]，由不虞之道[13]，攻其所不戒也[14]。

【注释】

〔1〕前后不相及：前后，这里是指前军与后军。及，这里是指策应、配合。前后不相及：前军与后军不能相互策应、配合。

〔2〕众寡不相恃：众寡，这里是指大部队与小分队。恃，依恃、协同。众寡不相恃：这里的意思是说，大部队与小分队之间，不能相互协同，相互依恃。

〔3〕贵贱不相救：贵，这里是指军官。贱，这里是指士卒。贵贱不相救：这里是说军官与士卒之间，不能相互求援。

〔4〕上下不相收：上下，这里是指上级与下级。收，收聚。上下不相收：这里的意思是说，上级与下级不能相互扶持、相互帮助。

〔5〕卒离而不集：离，离散。集，集合。卒离而不集：这里的意思是说，士卒被击溃走散了，很难再集合起来。

〔6〕兵合而不齐：合，集合。齐，整齐。兵合而不齐：这里的意思是说，士卒们即使集合起来了，也不能整齐统一行动。

〔7〕敌众整而将来：敌，敌军。众，众多。整，严整。将来，这里是指敌军将要来进攻。敌众整而将来：敌军人数众多，队形严整，将要来进攻。

〔8〕待之若何：待，对待、对付。之，指示代词，指敌军。待之若何：如何待之，如何对付他（敌军）呢？

〔9〕先夺其所爱：其，指示代词，指敌方。爱，爱惜、珍爱。先夺其所爱：这里的意思是说，先夺取敌方最珍惜的重要地方或物资。

〔10〕听矣：听，听从。听矣：这里是指听从我方的摆布。

〔11〕兵之情主速：兵，用兵。情，情理。主，这里是指重要、重视。速，快速。兵之情主速：这里的意思是说，用兵的情理重在快速。

〔12〕乘人之不及：乘，同"趁"。不及，指措手不及。乘人之不及：趁敌人措手不及之时。

〔13〕由不虞之道：由，经由。虞，料想、臆度。由不虞之道：经由敌方料想不到的道路。

〔14〕攻其所不戒：其，指示代词，这里是指敌方。戒，戒备、警戒。攻其所不戒：攻打敌方没有戒备的地方。

【译文】

古代所谓善于用兵的人，能够做到使敌军前队与后队不能相互配合，相互策应；大部队和小分队不能相互协同，相互依恃；长官与士卒不能相互救援；下级与上级不能相互扶持；士卒们被击溃走散了便很难再集合起来，就是集合起来了也不能统一行动。至于对自己的军队，那就是，有利就打，没有利就不打。试问："众多的敌军，排成严整的阵势将要来进攻，又该怎样对待它们呢？"回答是："抢先夺取敌方最珍惜的重要地方或物资，他们就会听从我们的摆布了。"用兵的情理，重在快速，要趁敌方措手不及的时机，经由敌方意料不到的道路，进攻敌方放松戒备的薄弱环节。

【原文】

凡为客之道[1]：深入则专[2]，主人不克[3]；掠于饶野[4]，三军足食；谨养而勿劳[5]，并气积力[6]；运兵计谋[7]，为不可测[8]。投之无所往[9]，死且不北[10]。死焉不得[11]，士人尽力[12]。兵士甚陷则不惧[13]，无所往则固[14]，深入则拘[15]，不得已则斗。是故，其兵不修而戒[16]，不求而得[17]，不约而亲[18]，不令而信[19]，禁祥去疑[20]，至死无所之[21]。吾士无余财[22]，非恶货也[23]；无余命[24]，非恶寿也[25]。令发之日，士卒坐者涕沾襟[26]，偃卧者涕交颐[27]。投之无所往者，诸、刿之勇也[28]。

【注释】

〔1〕为客之道：客，客人、作客。这里是指进入敌国领土后，相对于敌方来说，敌方是主，我方是客。道，道理、原则、规律，这里是指作战之道。为客之道：这里的意思是说，我军进入敌方领土作战时应遵循的规律。

〔2〕深入则专：深入，这里是指深入敌境。专，专一，这里是指将士的意志、思想专一。深入则专：这里的意思是说，深入敌境作战，将士们就会同心协力，意志专一。

〔3〕主人不克：主人，这里是指在本国领土作战的军队。克，克复、克服。主人不克：这里的意思是说，在本国境内作战的军队往往不能战胜入侵的军队。

〔4〕掠于饶野：掠，抢掠。饶野，富饶的原野。掠于饶野：这里是指要掠取敌国富饶土地上生长的庄稼。

〔5〕谨养而勿劳：谨，谨慎、小心。养，养息、休整。劳，劳累。谨养而勿劳：这里是说，要小心地注意搞好部队休整，不要使将士过度劳累。

〔6〕并气积力：并，集中、鼓足。这里是指，鼓足旺盛的士气。积，聚积。力，这里是指战斗力。并气积力：意思是说，要鼓足旺盛的士气，聚积将士的战斗力。

〔7〕运兵计谋：运，运用。运兵，运用兵力，即部署兵力。运兵计谋：这里是指要部署兵力，巧用计谋。

〔8〕不可测：不可被揣测。

〔9〕投之无所往：投，投入。无所往，没有地方走、无路可走。投之无所往：这

里是指，把军队投入无路可走的绝境。

〔10〕死且不北：北，败北、败退。死且不北：意思是说，宁死也不后退。

〔11〕死焉不得：焉，怎么、什么。焉不得，怎么会得不到？或什么事办不到？死焉不得：这里的意思是说，将士们死且不怕，还有什么事情办不到呢？

〔12〕士人尽力：士人，这里是指将士。士人尽力：这里是指全体将士都尽自己的力量与敌军作殊死的战斗。

〔13〕兵士甚陷则不惧：甚陷，陷得很深，这时是指陷入绝境。惧，畏惧。兵士甚陷则不惧：意思是说，士卒们既已陷入绝境，反而无所畏惧了。

〔14〕无所往则固：无所往，没有去处、无路可走。固，稳固、巩固。无所往则固：意思是说，军队处于无路可走的绝境，军心反而会更加稳固。

〔15〕深入则拘：拘，拘束。这里可引申为凝聚、集中。深入则拘：这里的意思是说，军队深入敌境，意志反而更集中，团结反而更坚固。

〔16〕不修而戒：修，修治、整饬。戒，戒备。不修而戒：这里的意思是说，军队不需要整饬便会自觉地进行戒备。

〔17〕不求而得：求，这里是指强求。得，获得。不求而得：这里的意思是说，对士卒们无须强求，他们便能完成任务。

〔18〕不约而亲：约，约束。不约而亲：这里的意思是说，士卒们不待约束便能亲爱互助。

〔19〕不令而信：令，命令。信，信任服从。不令而信：这里的意思是说，不需要对将士们三申五令便能得到他们的信任和服从。

〔20〕禁祥去疑：祥：吉凶的预兆，这里是指预卜吉凶的迷信活动。疑，疑虑、猜疑。禁祥去疑：这里是指要禁除迷信和谣言，以免士卒猜疑，扰乱军心。

〔21〕至死无所之：之，往。这里是指逃往、逃跑。至死无所之：这里的意思是说，士卒们至死也不会逃跑。

〔22〕士无余财：士，士卒。余财，多余的钱财。士无余财：士卒们没有多余的钱财。

〔23〕非恶货也：恶货，厌恶财货。非恶货也：并非厌恶财货。

〔24〕无余命：余命，多余的生命。无余命：没有多余的生命。

〔25〕非恶寿也：寿，寿命、长寿。非恶寿也：并非厌恶长寿。

〔26〕涕沾襟：涕，眼泪。涕沾襟：眼泪沾满衣襟。

〔27〕偃卧者涕交颐：偃，仰倒。颐，面颊。偃卧者涕交颐：这里是指一些仰卧的士兵眼泪在面颊两边流着。

〔28〕诸、刿之勇：诸，专诸，春秋时吴国勇士，曾将剑藏在鱼腹中刺杀吴王僚，结果自己被杀害。刿，曹刿，春秋时期鲁国勇士，曾在齐鲁柯地会盟上，手持利剑劫持齐桓公，迫使齐桓公同鲁国订立盟约，退还所侵鲁国的土地。诸、刿之勇：像专诸、曹刿那样的英勇无畏。

【译文】

　　大凡进入敌国境内作战的规律是：深入腹地作战，战士们就会同心协力，意志专一，敌军将无法战胜我们；从敌国富饶的田野掠取粮食，就能保证部队有充足的军粮供给；重视部队的休整，不使将士们过于疲劳，就能鼓足士气，聚积战斗力；同时还要巧用计谋，部署兵力，使敌方无法揣测我军的动向和意图。把军队投入无路可走的绝境，将士们就会宁死不退。将士们既然连死都不怕，那还会有什么事情办不到呢？那样，全军将士必然会竭尽全力与敌军作战。士卒们既已陷入绝境，反而更会无所畏惧了。部队无路可走，军心反而会更稳固。越是深入敌境部队的意志会更加集中，团结会更加坚固，遇到迫不得已的情况，将士就会作殊死的战斗。所以说，在上述情况下士卒们不需要整饬，便能自觉地进行戒备；无须对他们进行强求，便能完成自己的任务；无须对他们有所约束，便能亲爱互助；无须对他们三申五令，便能得到他们的信任和服从。要禁止迷信和谣言，以免士卒猜疑，扰乱军心，就能使士卒们至死也不会逃跑。应该懂得，我们的将士没有多余的财货，并不是因为他们讨厌财货；他们并没有第二条生命，却是那样地不怕牺牲；也并不是因为他们厌恶长寿。只要看看当命令下达之日，士卒们坐着的，眼泪满衣襟；躺着的，流泪满双颊，便能知道他们的心情。只有把他们投入无路可走的绝境，他们才都会像专诸、曹刿那样的勇敢呵！

【原文】

　　故善用兵者，譬如率然。率然者，常山之蛇也。击其首则尾至，击其尾则首至，击其中则首尾俱至。敢问："兵可使如率然乎？"曰："可。"夫吴人与越人相恶也[1]，当其同舟共济[2]，遇风，其相救也如左右手。是故方马埋轮[3]，未足恃也；齐勇若一[4]，政之道也[5]；刚柔皆得[6]，地之理也[7]。故善用兵者，携手若使一人[8]，不得已也。

【注释】

　　[1] 吴人与越人相恶：恶，仇恨。吴人与越人相恶：这里是指春秋时期，吴国与越国争霸而引起两国人民的相互仇恨。
　　[2] 其同舟共济：济，渡河。同舟共济：同坐一条船渡河。
　　[3] 方马埋轮：方，按曹操注为"缚"。方马，即缚马。方马埋轮：把马缚起来，

把兵车的轮子埋掉。

〔4〕齐勇若一：齐，整齐、全部。勇，勇敢。一，一样。齐勇若一：这里的意思是说，要使战士们全都一样的勇敢奋战。

〔5〕政之道：政，治理。道，道路、方法。政之道：这里是指治理军队的方法。

〔6〕刚柔皆得：刚柔，按曹操、杜牧注，皆作"兵势强弱"解。皆得，皆得其用。刚柔皆得：这里是指要使部队不论强弱，都能因地势而得以各自发挥其作用。

〔7〕地之理：地形之理、地势之理。

〔8〕携手若使一人：携手团结如同一人。

【译文】

所以，善于用兵的人，能使部队像"率然"蛇一样。"率然"是常山地方的一种蛇。打它的头，它的尾便会来救应；打它的尾，它的头便会来救应；打它的中间，它的头和尾部都会来救应。试问："用兵难道也可以像'率然'蛇一样吗？"回答说，"是可以的。"吴国人和越国人本来是相互仇视的，但当他们同坐一条船渡河时，遇到风暴，他们也会像左手帮助右手那样自然而然地相互救援哩！因此，缚马埋轮，向士卒们表示死战的决心，想以此来稳住阵势，是靠不住的。要使全军将士协同合作，英勇奋战，如同一人，关键在于平时治军有方；要使部队不论强弱都能发挥各自的作用，关键在于利用地形之利。所以，善于用兵的人，能使全军上下，携手团结，如同一人，那也是情势所迫，不得已呀！

【原文】

将军之事[1]，静以幽[2]，正以治[3]。能愚士卒之耳目[4]，使之无知；易其事[5]，革其谋[6]，使人无识[7]；易其居[8]，迂其途，使人不得虑[9]。帅与之期[10]，如登高而去其梯；帅与之深入诸侯之地，而发其机[11]，焚舟破釜[12]，若驱群羊，驱而往，驱而来，莫知所之。聚三军之众，投之于险，此谓将军之事也。九地之变，屈伸之利[13]，人情之理[14]，不可不察也。

【注释】

〔1〕将军之事：将，主持、带领。将军，带领军队。将军之事：率领军队的事情。

〔2〕静以幽：静，冷静、镇静。幽，幽深。静以幽：冷静而幽深莫测。

〔3〕正以治：正，公正、严正。治，治理、有条不紊的秩序。正以治：这里是说

治理军队公正严明而又有条不紊。

〔4〕愚士卒之耳目：愚，蒙蔽。愚士卒之耳目：这里的意思是说，要蒙蔽士卒们的耳目使他们一无所知。

〔5〕易其事：易，变易、变更。易其事：这里是说要变更过去曾经做过的事。

〔6〕革其谋：革，变革、变换。谋，计谋。革其谋：这里是说要不断变换已经用过的计谋。

〔7〕使人无识：识，认识。使人无识：使别人认识不到、了解不到。

〔8〕易其居：居，居住。这里是指军队的驻地。易其居：变换军队的驻地。

〔9〕不得虑：虑，思虑、考虑。不得虑：思虑不到、料想不到。

〔10〕帅与之期：帅，主帅。期，约期。帅与之期：主帅与将士们约期赴战，或交与将士们的作战任务。

〔11〕发其机：机，机括。发其机：扳动机括，射出利箭。

〔12〕焚舟破釜：釜，煮饭用的锅子。焚舟破釜：把用来过河的船烧掉，把煮饭用的锅子打破。

〔13〕屈伸之利：屈伸，这里是指军队的进退。屈伸之利：军队或进或退的利益所在。

〔14〕人情之理：情，情绪、情感、心理状态。理，道理、规律。人情之理：这里是指部队中将士们心理状态变化发展的规律。

【译文】

带兵的事情，为将者要沉着镇静，幽深难测，办事公正严明又有条不紊。要能蒙蔽士卒们的耳目，使他们对军事行动的目的一无所知；要不断改变过去曾经做过的事情，变换曾经用过的计谋；要经常更换军队的驻地，要有意走着迂回的道路，使人们对主将的意图捉摸不透。主帅与将士们约期赴战，要像登高以后就去掉梯子那样，能上不能下。主帅与将士们深入敌国领土，就像扳动机括发出利箭一样，只能一往无前。烧毁舟船，打破炊具，像驱赶群羊一样，时而赶过去，时而又赶回来，使士卒们不知道到底要走向哪里。能聚合三军官兵，投入险恶之地，这正是统率军队的本领。因此，为将者，对于九种地形的应变处置，或进或退的利益所在，以及将士们心理情感变化的规律，都是不能不认真考察的啊！

【原文】

凡为客之道，深则专，浅则散[1]。去国越境而师者[2]，绝地也；四达者，衢地也；入深者，重地也；入浅者，轻地也；背固前隘者[3]，围地也；无所往者，死地也。是故散地，吾将一其志[4]；轻地，吾将使之属[5]；争地，吾将趋其后[6]；交地，吾将谨其守[7]；衢地，吾将固其结[8]；重地，吾将继其食[9]；圮地，吾将进其涂[10]；围地，吾将塞其阙[11]；死地，吾将示之以不活[12]。故兵之情[13]：围则御[14]，不得已则斗，过则从[15]。

【注释】

〔1〕浅则散：浅，这里是指部队进入敌国境内不深。散，涣散。浅则散：是说部队进入敌国境内不深时，军心容易因恋家而涣散。

〔2〕去国越境而师者：去国，离开本国。师，军队。这里引申为"作战"。去国越境而师者：意思是指离开本国越过边境进入敌国作战的军队。

〔3〕背固前隘：固，坚固，这里可引申为"险阻"。隘，狭隘。背固前隘：背靠着险阻，又面临着隘路。

〔4〕一其志：一，统一。其，代词，指全军将士。一其志：统一全军将士的意志。

〔5〕使之属：之，指示代词，这里指部队。属，连属。使之属：使部队紧紧连接，不致中断。

〔6〕趋其后：趋，疾走、赶快。其，代词，指部队。后，这里指后继部队。趋其后：这里的意思是指催促后继部队疾速跟进。

〔7〕谨其守：谨，严谨。谨其守：这里是指要督促部队严密防守。

〔8〕固其结：固，巩固。结，结交，结盟。固其结：巩固原来的结盟。

〔9〕继其食：使粮食获得不断的供给。

〔10〕进其涂：按曹操、杜佑注："进其涂"可以解释为"疾过去"，"疾行无留"。意思说，要迅速通过，不能停留。

〔11〕塞其阙：阙，缺口。塞其阙：堵塞缺口。

〔12〕示之以不活：示，表示。示之以不活：这里是指表示要与敌军死战到底的决心。

〔13〕兵之情：兵，士兵。情，心情、心理。兵之情：士兵的心理。

〔14〕围则御：围，包围。御，抵御。围则御：这里的意思是说，部队陷入包围，士卒们就会竭力抵抗。

〔15〕过则从：过，太甚、太绝。从，服从。过则从：这里的意思是说，士卒们陷入绝境，就会服从指挥。

【译文】

大凡领兵去敌国境内作战的规律是：越是深入腹地，士卒们的意志便越是专一，军心越稳固；相反，进入敌境越浅，军心便越是容易涣散。离开本土，越过敌境作战的地区叫作"绝地"；交通四通八达的地方叫作"衢地"；深入敌境的地方，叫作"重地"；进入敌境较浅的地方，叫作"轻地"；背靠险阻，面临隘路的地方，叫作"围地"；无路可走的地方，叫作"死地"。因此，进入"散地"，我们便要统一部队意志；进入"轻地"，我们便要使部队首尾相连；进入"争地"，我们便要催促后队疾速前进；进入"交地"，我们就要督促部队严密防守；进入"衢地"，我们就要注意巩固与其他诸侯国的结盟；进入"重地"，我们就要重视保证军粮供应不断；进入"圮地"，我们就要使部队迅速通过，不能停留；进入"围地"，我们就要堵塞缺口；进入"死地"，我们就要表示与敌军死战到底的决心。所以说，将士们的心理是，陷入了包围，便更会奋力抵抗，处于绝境，便更能服从指挥。

【原文】

是故不知诸侯之谋者，不能预交[1]；不知山林、险阻、沮泽之形者，不能行军；不用乡导者，不能得地利。四五者不知一[2]，非霸王之兵也。夫霸王之兵，伐大国，则其众不得聚[3]；威加于敌，则其交不得合[4]。是故不争天下之交[5]，不养天下之权[6]，信己之私[7]，威加于敌[8]，故其城可拔，其国可隳[9]。施无法之赏[10]，悬无政之令[11]，犯三军之众[12]，若使一人[13]。犯之以事[14]，勿告以言[15]；犯之以利，勿告以害。投之亡地然后存，陷之死地然后生。夫众陷于害[16]，然后能为胜败[17]。故为兵之事，在于顺详敌之意[18]，并敌一向[19]，千里杀将[20]，此谓巧能成事者也。

【注释】

〔1〕不能预交：预，预先。交，结交。不能预交：不能预先结交。

〔2〕四五者不知一：四五者，按曹操注，可解释为以上四五件事，或九地的利害。四五者不知一：这里的意思是说，对以上这些事，如有一样不能了解。

〔3〕其众不得聚：其，指示代词，这里是指敌国。众，指军民之众。聚，聚集。其众不得聚：这里是指敌国的军民集中不起来。

〔4〕其交不得合：交，结交。合，合作、联合。其交不得合：这里的意思是指敌

国想与别国结交，以求取得援助，也不能成功。

〔5〕不争天下之交：争，争取。天下，指各诸侯国。交，结交。不争天下之交：这里的意思是说，无须争取与其他诸侯国结交，以取得他们的支援。

〔6〕不养天下之权：养，培养。权，权势、势力。不养天下之权：这里的意思是说，无须在各诸侯国培植自己的势力。

〔7〕信己之私：信，申。私，私意，这里是指自己的谋略。信己之私：这里的意思是指要伸展自己的谋略。

〔8〕威加于敌：威，威力，这里是指军威。威加于敌：以自己的军威加于敌军之上。

〔9〕其国可隳：国，这里是指国都。隳，摧毁、毁灭。其国可隳：这里是指敌国的国都可以被摧毁。

〔10〕施无法之赏：无法，没有法、超越常法。施无法之赏：施行超越常法的奖赏。

〔11〕悬无政之令：悬，悬挂，引申为颁布。无政，不合常规。悬无政之令：颁布打破常规的命令。

〔12〕犯三军之众：犯，发生，发作。这里可引申为使用、指挥。犯三军之众：指挥三军之众。

〔13〕若使一人：若，如同。使，使用，引申为指挥。若使一人：如同指挥一个人一样地运用自如。

〔14〕犯之以事：事，事情。这里是指作战。犯之以事：使用士卒作战。

〔15〕勿告以言：言，按梅尧臣注，这里可解释为"计谋"。勿告以言：不要告知其计谋。

〔16〕众陷于害：众，大家。害，危害、危难。众陷于害：大家都陷于危难之中。

〔17〕能为胜败：能为胜为败。

〔18〕顺详敌之意：顺，随顺、依顺。详，详细、仔细。敌之意，敌军的意图。顺详敌之意：这里的意思是说，要仔细了解敌军的意图，并佯装随顺他们，以使其落入我方圈套。

〔19〕并敌一向：并，合并、集中。这里是指集中兵力。敌，攻打、进攻。一向，一个方向。并敌一向：集中兵力攻打一个方向。

〔20〕千里杀将：千里，这里是指部队奔袭千里。千里杀将：千里奔袭，擒杀敌将。

【译文】

因此，不了解其他诸侯的战略意图，便不能预先与他们结交；不了解山林、险阻、沼泽等地形，便不能轻易行军；不使用当地人作向导，便不能取得作战中的地形之利。以上这些事情，如果有一样不了解，都不能成为争

霸天下的军队。凡是争霸天下的军队，讨伐大国，行动之迅速，能使得敌国来不及动员集中全国军民进行有效的抵抗；要以强大的兵威加于敌国，以至于其他诸侯国不敢与其结交而给予支援。因此，无须与天下诸侯国结交，也不用在各诸侯国培植自己的势力，只要伸展自己的战略意图，用兵威加于敌国之上，就能攻占他们的城池，摧毁他们的国都。在战争中要施行超越常法的奖赏，颁布打破常规的法令，就能做到指挥全军将士，就如同指挥一个人那样运用自如。向将士们布置作战任务，却不需要告知他们的计谋所在；动员士卒，只应说明有利条件，无须指出危险因素。把士卒们投进最危险的境地，有可能转危为安；把他们投入"死地"，有可能起死回生。全军将士都陷于危难之中，便会众志成城，拼死奋战，赢得胜利。所以，带兵之事，在于仔细地了解敌军的意图，并且伪装依顺他们，使他们落入我方圈套，然后集中兵力，突破一点，便可做到千里奔袭，擒敌杀将。这就是所谓巧计能成大事呀！

【原文】

　　是故政举之日[1]，夷关折符[2]，无通其使[3]，厉于廊庙之上[4]，以诛其事[5]。敌人开阖[6]，必亟入之，先其所爱[7]，微与之期[8]，践墨随敌[9]，以决战事[10]。是故始如处女[11]，敌人开户[12]；后如脱兔[13]，敌不及拒。

【注释】

〔1〕政举之日：政举，即征举。政举之日：举兵出征的日子。

〔2〕夷关折符：夷，封锁。关，关口。折，毁折、废除。符，通行证件。夷关折符：封锁关口，废除通行证件。

〔3〕无通其使：使，使者、使节。无通其使：这里是指不与敌国通使。

〔4〕厉于廊庙之上：厉，督励。廊庙，庙堂。厉于廊庙之上：这里的意思是指督励大臣们在庙堂之上计谋战事。

〔5〕以诛其事：诛，责成。按曹操、杜牧注，这里可作"治理""计谋"解。以诛其事：以计谋其事。

〔6〕敌人开阖：开阖，一开一阖。按曹操、张预注，这里是指敌人一开一阖，出入无常，进退未决，因而有隙可乘。

〔7〕先其所爱：爱，爱惜、珍爱。这里可引申为重视。先期所爱：这里的意思是说，先攻占敌方最重视的战略要地。

〔8〕微与之期：微，不。之，指示代词，这里是指敌国、敌军。期，约期。微与之期：这里的意思是说，不要与敌方约定交战的日期。

〔9〕践墨随敌：践，践履、实践、实行。墨，绳墨。按杜牧注，这里可作"规矩""法度"解。敌，这里是指敌情。践墨随敌：意思是说，循守法度，实行规矩，都要依随敌情的变化而灵活运用。

〔10〕以决战事：决，解决。以决战事：以解决战争的胜负问题。

〔11〕始如处女：处女，未婚女。在封建时代，人们把未婚女描写得非常柔弱沉静。始如处女：这里的意思是指在军事行动将要开始时，要表现得像处女那样柔弱沉静，不露声色。

〔12〕敌人开户：敌，这里是指的敌国。开户，打开门户。敌人开户：这里的意思是指要让敌方放松警惕，大开门户。

〔13〕后如脱兔：后，这里是指军事行动开始以后。脱兔，脱逃之兔，迅速异常。后如脱兔：这里的意思是说，一旦军事行动开始，就要像脱逃之兔那样迅速异常。

【译文】

因此，在决定举兵出征的日子里，要封锁关口，废除来往敌国的通行证件，不与敌国互通使节，还要督促大臣们在庙堂之上，共谋征伐大计。遇到敌军出入无常、进退未决，有隙可乘时，便应迅速攻入，首先夺取其战略要地。无须与敌国约期作战，也无须遵循固定的规章制度，一切军事行动都依敌情的变化而灵活运用，以保证战争的胜利。因此，在战争即将开始时，要表现得像处女那样柔弱沉静，不露声色，诱使敌人放松警惕，大开门户；而一旦战事打响以后，便要像脱逃之兔那样行动迅速异常，使得敌军措手不及，无法抵抗。

【战例】

项羽解巨鹿之围

公元前208年（秦二世二年），项羽杀死了宋义，楚怀王迫不得已，任命项羽为上将军。

这时，秦国正攻打赵国都城巨鹿。赵将陈馀被秦军打败，不敢再战，把军队驻于巨鹿城外，等待观望。秦军则凭其兵多将勇，对巨鹿发起猛攻。巨鹿城内，人心惶惶，日夜不安；守城将士，伤亡惨重；粮食又逐日减少，眼见朝不保夕了。赵王歇、赵相张耳，焦心如焚，连夜派人缒出城外，一面

促令陈馀迅速出战；一面分别向齐、燕、代、楚等国请求救援。然而，慑于秦军强大威力，不仅陈馀心惊胆怯，不敢出战，驻足不前，就是燕、代、齐国援兵也只进至巨鹿城外，不再前进了。惟有楚国上将军项羽骁勇异常，率军渡过黄河后，即下令全军将士，沉船、破釜甑，烧毁庐舍，每人只带三日干粮，誓与秦军决一死战。楚军将士面临绝地，见主将项羽英勇慷慨，悲壮之情，勃然兴起，人人怀着必死之心，奋力前进，直抵巨鹿城下。

　　秦将王离见楚军来救，当即调遣军队，亲往迎敌。两军相逢，秦军还没有展开阵势，楚军便一齐冲来，乱砍乱杀，勇猛异常。秦军猝不及防，竟三战三退。秦将章邯见王离战败，便率大军前往接战，与楚军对阵。这时，燕、齐、代等国援军统统留在自己营中，踞壁观望。远远地望见秦楚两支军马渐渐接近；秦军甲仗整齐，队伍雄壮，颇有泰山压顶之势，而楚军却衣甲简陋，步伐粗疏，三三五五，各自成队，全然不成阵式，只是一股劲儿向秦军阵中猛冲过去。各国将士见此情景，无不为楚军捏一把汗，都以为楚军没有训练，只知一味蛮干，必败无疑哩！殊不知，这正是项羽用兵之妙。试想，楚军与秦军相比，数量几乎相差一半，如要兵对兵，将对将，搭配均匀，方才动手，楚军简直不够分配，那才真是必败无疑呢！故而项羽从战场情势出发，临机处置，自己身先士卒，命令将士各自为战，不拘形式，只求杀敌取胜。这一边楚军已是破釜沉舟，怀着必死之心前来，见主将冲锋在前，更是奋勇百倍，故能以一当十，以十当百。一时间，真正是呼声动天地，怒气冲斗牛，不但秦兵在场交手，挡不住这股劲敌，一个个被吓得胆战心惊，就是站在壁上观望的各国将士，看了那情景也禁不住目瞪口呆，不寒而栗。秦将章邯本来就曾在项羽手下吃过败仗，这次遇到楚军如此勇猛，自料难以持久，斗了几个回合便下令退兵，这时部队伤亡已是十成有三了。项羽见章邯退去，也下令收兵回营休息，到了夜间，仍严装以待。

　　过了一宵，项羽命令将士饱食干粮，再次出战。临出发时，项羽对将士们下令说：今日务必尽扫秦兵。否则，我军粮食已尽，将会全军覆灭。你死我活，就在今日一战！务请诸君拼力杀敌，以求全胜！楚军将士得令后，一个个信心十足，勇气百倍，才进入战场，便一声呼啸，直向秦军奔去。秦将章邯刚刚上阵便陷入被动，尽管他也鼓励士卒，要与楚军决一雌雄；无奈经过昨日战败，士卒们已经胆怯，任你如何鼓励，总是敌不过楚兵奋力冲杀。章邯屡次下令前进，秦兵总是进一步退两步，进两步退四步，直到五进五退，已经是溃不成军了。总之，从项羽率军抵达巨鹿城下，与秦军先后大战九回合，秦军无一不败，章邯逃回城南大营。再说王离勉强守住本寨，不敢出战。项羽便又下令英布、蒲将军领兵堵住甬道；自己亲自率军攻打王离，一鼓作气，直捣王离营门。王离想夺路逃走，却兜头碰着项羽，只战三四合，便被楚军生擒了。就这样，楚军一举解了巨鹿之围。

失 街 亭

街亭是通往汉中的咽喉，是西蜀军队后勤供应的必经之处；同时，街亭还是蜀国陇西地区的天然屏障。它是非常重要的战略位置。

三国时，司马懿率领二十万大军进攻祁山，当时诸葛亮正在祁山驻兵，听到魏军杀来，便召集众将领商议战事。

诸葛亮知道司马懿也是工于心计之人，必定要夺占街亭这一要地，便决心挑选重将把守。参军马谡请令，说愿领兵前往。诸葛亮本来心中有些疑虑和犹豫，因为他早就听刘备在生前说过马谡此人言过其实，不可大用。他对马谡说："从表面上看，街亭虽然是个小地方，但它的地理位置很重要，关系到我军的安危利害。且街亭既没有城廓，又没有险要之处，因此不易把守，如一旦丢失，我军处境就困难了。"马谡却自视过高，仗着自己熟读兵书，对守街亭很有信心。他立下军令状，以全家性命担保。诸葛亮忽略了刘备的叮嘱，又见马谡胸有成竹，便让他写下了军令状，拨给他两万五千精兵去把守街亭。同时以防万一，诸葛亮又派了王平和高翔辅助马谡，并再三交待要他们占领住街亭要道，不要让魏军超越。来到街亭后，马谡和王平首先察看了地形。王平认为五路总口地处街亭要道，把守着街亭大门，在此驻扎比较好，但马谡一意孤行，执意要在路旁的一座小山上驻扎。理由是兵书上说居高临下可势如破竹，定会杀得魏军片甲不留。王平无法说服马谡，只好驻扎到山的西边另一个地方。当司马懿来到街亭后，看到马谡把蜀军兵营驻扎在山上，嘲笑诸葛亮竟然任用马谡这样的庸才。他一面派大将张郃挡住王平对马谡的增援，一面又派兵将小山层层包围，断绝了山上的饮水。

蜀军看到自己被包围，又被断绝水源，军心大乱。司马懿趁机放火烧山，蜀军大败，马谡拼死杀出一条血路才得逃脱。街亭失守，使魏军顺利攻入蜀地；诸葛亮也来不及后撤，只好用"空城计"退敌。

诸葛亮　字孔明，号卧龙。中国三国时期杰出的政治家、军事家、外交家。207年出山辅佐刘备。214年刘备建立蜀汉政权，被任命为丞相。蜀汉后主刘禅继位，封为武乡侯。234年病逝于五丈原军中，享年54岁。

十二 火攻篇

【提要】

本篇专门论述向敌军进行火攻的各种问题，首先提出火攻的对象有五，即"火人""火积""火辎""火库""火队"。接着分析火攻应具备的主客观条件，包括发火器材的准备，天象、气候的选择，等等。进而提出实行五种火攻所应采取的灵活对策，包括是从敌营内部纵火，还是从外面纵火；如何根据火攻引起的敌情变化，相机发起攻击而不可贸然行事；以及在进攻时应如何选择正确的方向；等等。最后指出火攻与水攻都是属于进攻敌军的辅助措施，两者对于战胜敌军各有其特点，为将者必须谨慎选择，要"合于利而动，不合于利而止"，要从"安国安军"的大局出发，赏罚分明，进退有变，决不可凭一时的意气用事，导致遭亡国覆军之祸。

【原文】

孙子曰：凡火攻有五：一曰火人[1]，二曰火积[2]，三曰火辎[3]，四曰火库[4]，五曰火队[5]。

【注释】

〔1〕火人：火，做动词用，意为烧火、放火。人，这里指人马。火人：这里的意思是说，放火焚烧敌军的人马。

〔2〕火积：积，积蓄、积藏。这里是指积藏的军用粮草。火积：放火焚烧敌军积藏的粮草。

〔3〕火辎：辎，辎重，包括武器、兵车，以及各种军用器械。火辎：放火焚烧敌军的各军用物资。

〔4〕火库：库，仓库。火库：烧毁敌军的物资仓库。

〔5〕火队：队，通"隧"，即隧道。火队：放火焚烧敌军的运输线。

【译文】

孙子说：火攻的形成一般有五种：一是焚烧敌军的人马，二是焚烧敌军的粮草，三是焚烧敌军的辎重，四是焚烧敌军的仓库，五是焚烧敌军的隧道。

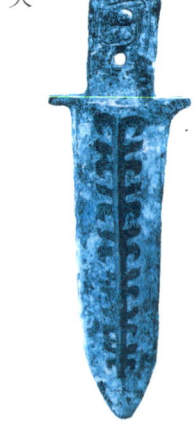

嵌红铜棘纹戈　商代后期，通长21.1厘米，宽6.9厘米，重0.26千克。

【原文】

行火必有因[1]，烟火必素具[2]。发火有时，起火有日。时者，天之燥也；日者，月在箕、壁、翼、轸也[3]，凡此四宿者，风起之日也。

【注释】

〔1〕行火必有因：行，施行、进行。火，这里是指火攻。因，原因、根据、条件。行火必有因：施行火攻必须具备一定的根据和条件。

〔2〕烟火必素具：烟火，这里是指用来进行火攻的燃料和有关器材。素，平素、平常。具，具备。烟火必素具：这里的意思是说，用以进行火攻的燃料和有关器材，一定要在平常时就准备好。

〔3〕月在箕、壁、翼、轸：中国古代天文学家认为天空有二十八座星宿，这箕、壁、翼、轸就是其中的四座。月在箕、壁、翼、轸：这里的意思是说，当月亮运行经过箕、壁、翼、轸这四座星宿的日子。

【译文】

进行火攻必须具备必要的条件。放火用的燃料和器具应在平时就准备好；放火要选择适当的天时，火攻要选择适当的日子。所谓适当的天时，是指气候干燥；所谓适当的日子，是指月亮运行经过箕、壁、翼、轸四宿的那几天。因为一般在这几天，都是容易起风的日子。

【原文】

凡火攻，必因五火之变而应之[1]。火发于内[2]，则早应之于外[3]；火发兵静者[4]，待而勿攻[5]；极其火力[6]，可从而从之[7]，不可从而止。火可发于外，无待于内，以时发之。火发上风[8]，无攻下风[9]。昼风久，夜风止[10]。凡军必知有五火之变[11]，以数守之[12]。

【注释】

〔1〕必因五火之变而应之：因，依据。五火之变：这里是指火人、火积、火辎、火库、火队五种火攻形式所引起的敌情变化。应，相应、策应。必因五火之变而应之：意思是说，必须依据五种火攻形式所引起的敌情变化分别采取相应的配合措施。

〔2〕火发于内：内，这里是指敌军营内。火发于内：在敌军营内放火。

〔3〕早应之于外：早，提早、提前。应，策应。早应之于外：提前从外部策应。

〔4〕火发兵静者：兵，这里是指敌军。静，安静、镇静。火发兵静者：这里是说，火已燃起但敌军却依然表现镇静。

〔5〕待而勿攻：待，等待。勿攻，这里是指，不要急于进攻。待而勿攻：这里的意思是说，要耐心等待而不应急于进攻。

〔6〕极其火力：极，极点、顶点。极其火力：火势极其旺盛，到了顶点。

〔7〕可从而从之：从，跟从。按杜牧、曹操注，这里可解释为"进攻"。可从而从之：这里的意思是说，要视火发以后的情况，可以进攻便进攻。

〔8〕火发上风：上风相对于下风而言，指火焰起时，烟雾飞行的顺风方向。火发上风：在上风方向起了火。

〔9〕无攻下风：下风，火焰飞行的逆风方向。无攻下风：不要从逆风方向进攻。

〔10〕昼风久，夜风止：昼风，白天刮的风。昼风久，夜风止：白天刮风刮得时间很长，晚上的风就会止息。

〔11〕凡军必知有五火之变：军，这里是指的领军、用兵。凡军必知有五火之变：这里的意思是说，凡是用兵的人都必须懂得有五种火攻形式及其所引起的敌情变化。

〔12〕以数守之：数，规律、法则。这里是指气象变化的规律。守，守候。以数守之：这里的意思是说，按照气象变化的规律，等候火攻的时机。

【译文】

凡是进行火攻，都必须根据以上五种火攻形式所引起的敌情变化而采取相应的举措。如果是从敌军营内放火，便应提前以部队从外而进行攻击，使敌军疏于对内部的防范；敌军营内已经起火，却仍表现得非常镇静，就应耐心等待观察，而不可急于进攻；要等到火势十分旺盛，到了顶点，再看情况，可以进攻便发起进攻，不可以进攻便要停止进攻。能够从外面纵火就不必等着有人从敌营内部策应，只要能适时放火就行了；从上风纵火，就不能从下风进攻（以免烧到自己）；白天的风刮得很大，晚上的风就会止息。凡是领兵打仗，都必须懂得以上五种火攻形式的变化，并且要按照气象变化的规律，等待火攻的时机。

【原文】

故以火佐攻者明〔1〕，以水佐攻者强〔2〕。水可以绝〔3〕，不可以夺。

【注释】

〔1〕以火佐攻者明：佐，辅佐、辅助。明，明显。这里是指效果明显。以火佐攻者明：这里的意思是说，以火攻作为向敌军进攻的辅助方法效果很明显。

〔2〕以水佐攻者强：强，增强、加强。这里是指增强攻势。以水佐攻者强：这里的意思是说，用水攻的方法来辅助进攻，就能使攻势大大增强。

〔3〕水可以绝：绝，断绝、隔绝。水可以绝：这里的意思是说，用水攻的办法可以隔断敌军的联系或者是断绝敌军的粮道。

【译文】

所以，用火攻作为向敌军进攻的辅助方法，效果会非常明显；以水攻作为向敌军进攻的辅助方法，只能使我军的攻势大大增强。这是因为水攻只能隔断敌军的联系或者是断绝他们的粮道，而不可以烧毁掉敌军的人马和物资。

晋武帝　司马炎（236—290年），字安世，晋朝开国君主，谥号武皇帝，庙号世祖。

【原文】

夫战胜攻取，而不修其功者，凶[1]，命曰费留[2]。故曰：明主虑之，良将修之[3]。非利不动，非得不用[4]，非危不战[5]。主不可以怒而兴师，将不可以愠而致战[6]。合于利而动，不合于利而止。怒可以复喜[7]，愠可以复悦，亡国不可以复存，死者不可以复生。故明君慎之，良将警之，此安国全军之道也。

【注释】

〔1〕不修其功者，凶：修，按杜牧注："修者，举也。"修即是修举。凶，凶险。不修其功者，凶：这里的意思是说，对于攻取有功的人不举办行赏，就会有凶险。

〔2〕费留：按贾林注："费留，惜费也。"费留就是吝惜费用。

〔3〕良将修之：修之，认真地对待。良将修之：这里的意思是说，优秀的将领都要认真地对待这件事。

〔4〕非得不用：得，得到。这里是指取得胜利。用，这里是指用兵。非得不用：这里的意思是说，非有取得胜利的把握不可轻易用兵。

〔5〕非危不战：危，危险、危急。非危不战：不是十分危急，不可轻易开战。

〔6〕将不可以愠而致战：将，将领、主将。愠，忿懑。将不可以愠而致战：主将

不可以一时的忿懑而轻易出战。

〔7〕怒可以复喜：复，回复、变回。怒可以复喜：愤怒可以重新变为高兴。

【译文】

对于打了胜仗、攻取了敌军阵地的人，不论功行赏，是会有危险的。这种做法叫作"费留"——吝惜费用。因此，英明的君主应该认真地思考这个问题，优秀的将领也应该认真地对待这件事。没有利益可得，就不要轻易行动，没有把握取得胜利就不要轻易用兵，不是形势十分危急，不可轻易开战。君主不能因一时的愤怒则兴师动众，主将也不可因一时的忿懑而轻易出战。要算计确实有利才能用兵，无利可得便要停止出战。这是因为一时的愤怒还可以转为欣喜，一时的忿懑还可以转为高兴，而一旦亡国便不可复存，一旦死亡便无法复生。所以，在这个问题上英明的君主一定要慎重，优秀的将领一定要警惕，这才是维护国家安定、保全军队实力的道理。

【战例】

赤 壁 之 战

汉献帝建安十三年（208），曹操领军号称八十三万人马从江陵顺江东下，浩浩荡荡，向东吴进发，兵到之处，荆州刘琮已望风投降。原在荆州依附刘表的刘备只得领兵退至鄂县樊口。这时，诸葛亮对刘备说："当下形势危急，请让我去东吴向孙权求救吧！"刘备同意了。

诸葛亮到了东吴，在鲁肃的陪同下去柴桑口会见了孙权。诸葛亮对孙权说："当今天下大乱，您起兵江东，刘皇叔聚军汉南，与曹操争雄天下。现在曹操已大体平定北方，将要进攻东吴，其前锋目前已占据荆州，声势之盛，真可谓威震海内。请您仔细权衡，如果能以吴越之众与曹操抗衡，就可早日与之绝交；否则，便可收拾军马，降归曹操算了。眼下情势已很危急，您需早作决断，再有犹豫，后果将不堪设想啊！"孙权听了这话，心里老大不高兴，便反问诸葛亮道："果真如你所说，那你们的刘皇叔为何不去投降曹操呢？"诸葛亮见孙权答话有机可乘，便进一步施展起激将计，说道："古代田横只是区区一名齐国壮士，却宁肯坚守节义，也不甘屈辱；我刘皇叔乃堂堂汉室后裔，英才盖世，海内人士望风景仰，纷纷表示愿意归附，怎会甘心臣服曹操呢？他已下定决心与曹操抗争到底，即便是被打败了，那也只能归咎于天意！"孙权听了这话，果然被激怒了。说道："我堂堂孙仲谋，顶天立地，岂能以江东之地，十万兵马，受制于曹操？我意已决，誓与曹操争一高低！不过，当下要阻挡曹军进攻，非刘备兵马不可；而刘备却是新败之兵，不知能否当此重任？"诸葛亮眼见自己联吴抗曹的激将计已有端倪，只是孙权心里还多少有些疑虑，便又进一步分析说道："我刘皇叔兵马虽是新败于长坂坡，但仍有关羽率领的水军精锐一万，另有江夏刘琦拥有的兵马也不下一万。曹军人数虽多，却是远道征战，已经疲惫不堪；此次追赶刘备，轻骑一天一夜，急行军三百里，士卒们气喘吁吁，仍是追赶不上，足见曹军已是强弩之末了。何况曹操的北方兵，不惯于水战，而荆州军民又多是被逼归附，并非心服。因此，只要您派出猛将领兵数万，与刘备兵马协同作战，必可大破曹兵！成败之机，就在今日哩！"听了诸葛亮这番分析，孙权十分高兴，便与张昭、鲁肃等人进一步商议破曹之策。谁知张昭慑于曹军声威，不赞成迎战，在场的还有一些人也附和他。鲁肃心里虽然主战，但见主和派人多势众，便暂时保持缄默，只是私下里向孙权表示了自己的看法，并且建议孙权把都督周瑜从鄱阳召回，共商大计。应孙权之召，周瑜从鄱阳回来了，听说张昭等人力主和议，心里很是不满。便在孙权面前慷慨陈词，说道："曹操托名汉相，实是汉贼。你以英武之才，拥有江东地方数千里，兵精粮足，英雄归附，正当横行天下，为汉室除残去秽，怎可轻言请和？何况曹操进犯东吴，无异于自己前来送死，当然应该迎战。依我分析，现今北方并未完全平静，马超、韩遂还在关西，成为曹操腹背之患；曹军都是北方人，不习水战，要他们抛弃鞍马，改用舟船，与我争锋，已是不利；加上时值隆冬严寒，曹兵不服水土，必多疾病；如此种种，都是曹操用兵之忌，而他却倒行逆施，岂不是自投罗网？有些人只听说曹军有八十万，便诚惶诚恐，倡言主和，殊不知只需仔细筹算，便知曹军号称八十万，实有兵马不过十五六万，加上荆州刘琮的七八万降兵，也不过二十余万人，何况荆州兵马是新降之兵，心存狐疑，未必愿为曹操卖命。因此，看来曹兵人数众多，其实并不可畏。我请求挑选精兵五万，前往迎敌！"听了周瑜对敌我双方实力和天时、地利情况的分析，孙权大为兴奋，斥责主和派是"只顾妻子，挟持私虑"，全然不把天下安危放在心上。当即决定先拨三万精兵，准备好船粮战具，交由周瑜率领前往迎敌。

却说周瑜领兵出战，与曹军在赤壁遭遇。这时，曹军士卒因多患疾疫，故与吴军接战，初战不利，不得已，只好退军回至长江北岸，吴军则在南岸扎营。战斗空隙时，周瑜部将黄盖对周瑜建议说：我军面临以寡敌众形势，恐难持久，何不使用火攻取胜呢？周瑜听罢黄盖之计，拍案叫好！当即下令用蒙冲斗舰十艘，载上枯草干柴，灌进桐油，外面用布帷遮盖，舰上插上旗帜。同时又准备一批小船系在大船尾部。一切准备停当，黄盖便先给曹操写信，诈

称愿意投降。曹操将信将疑，最后还是答应了。

  这天，正是东南风刮得很紧，黄盖率领十艘大舰走在最前面，行至江心时，更是升起风帆，加速前进，其余的船只也随后跟上。这时，曹操的军士见南船纷纭而至，纷纷出营驻足观看，都说是黄盖领兵前来投降了。说时迟，那时快，当黄盖的船只进至离北岸曹军战船很近时，突然各船同时起火，火烈风猛，船进如箭，一下子就烧到曹军船上。曹船连在一起，一时无法解脱，不一会儿，便统统烧起来了，熊熊火焰，一直延伸到岸上曹营。曹军人马猝不及防，烧死、溺死的不计其数，余下的也慌忙逃命；曹操则领着一支残兵从华容道上败走，一路泥泞路滑，跌跌跄跄，狼狈不堪。刘备、周瑜率领大军水陆并进，紧追不舍，一直把曹操追到南郡。这时曹操的军马已是死伤大半了。不得已，曹操只得命令曹仁、徐晃坚守江陵，命令乐进坚守襄阳，自己则领兵败回北方了。

曹彬火烧水寨灭南唐

  开宝七年（974） 九月，太祖赵匡胤任命大将曹彬统率水军进攻金陵的南唐政权。曹彬接连攻下铜陵、芜湖、采石矶等地，于第二年的正月逼近南唐都城金陵。曹彬挥师进至金陵城外围，南唐的军队背靠金陵城摆下阵势，旌旗猎猎，蔚为壮观。特别是南唐的水军，扼江而守，一道又一道的栅门，十分坚固，令宋军不敢小觑。时值初春，北风凛冽。曹彬与部将李汉琼观南唐的水寨，决定效法三国时的周瑜来一次火烧金陵。

  曹彬认为如今西北风甚猛，如用火攻，定可将南唐水军所设的栅门烧毁。到那时，再乘势攻击，南唐军必然一片混乱，金陵城必破无疑。李汉琼十分赞同他的看法。于是，两人商定了火攻的具体措施。李汉琼命令士兵们割取河岸的芦苇装上小船，又在芦苇上浇上油料，将小船驶近栅门，点燃油料。顷刻间，火借风势，风助火威，大火烧毁坚固的水栅门，小船驶入南唐军的水寨，火焰熊熊的小船迅速引燃了南唐军的战船，南唐水军纷纷跳船逃生。曹彬乘势追击，攻破南唐水寨，一路打到金陵城下，将金陵城团团包围。

  曹彬对金陵城围而不攻，用半年的时间断绝了城中粮草。南唐国君李煜试图与赵匡胤讲和，赵匡胤一口回绝。这一年的十一月，曹彬命令宋军全力攻城；城内南唐军士又冷又饿，没有抵抗之力。金陵被攻下，南唐也被灭亡。

关云长水淹七军

　　刘备自封为汉中王，想封在荆州打仗的关云长为前将军，并打算送印绶到荆州给关羽。诸葛亮却因为上回马超来投降，云长还要跟他争个高低。黄忠的名声不如马超，现在封黄忠为后将军，跟云长并列，担心云长不服。刘备却自有办法。他派益州前部司马犍手下人费诗到荆州，把前将军的印绶送给关羽。关羽果然发了脾气，不接受印绶。费诗劝他说从前萧何、曹参跟高帝从小要好，陈平、韩信都是后来投降过来的。论地位，韩信封了王，最高；萧何、曹参不过封侯。可是没听说萧何、曹参怨恨过谁。现在汉中王尊重汉室，不得不提升有功之人跟君侯同列，再说刘备对待关羽亲如手足，同甘共苦，同生共死，关羽不该计较官职的高低，爵禄的多少。关羽听了这一番话，明白了过来，立刻跪下去，接受了印绶。他十分敬重费诗，告诉他自己打算趁着曹操在汉中失败和士气低落的形势，进攻襄阳和樊城，请他回去向刘备报告。自己先在南郡后方布置一下，就准备发兵去攻打襄、樊。

　　关羽叫南郡太守糜芳守江陵、将军傅士仁守公安，命令他们负责随时供应粮草。必要的时候再送士兵来补充。自己先带着关平、周仓等率领一支军队去打樊城。曹操派左将军于禁、立义将军庞德带领七队人马赶到樊城去帮助守将曹仁。庞德命人连夜赶制出一口棺材，来表示自己要与敌人决一死战。部将听了，都表示愿拼死一战。

　　曹仁叫于禁、庞德屯兵樊北，互相接应。关羽的军队很快就渡过襄江，围上樊城，每天在城下叫战。城内的兵马只有几千，可是驻扎在城北的就有七队兵马，声势浩大。曹仁跟于禁打算两路夹攻。于禁派两个部将董超和董衡带领两队人马先去试探一下，没有一顿饭的工夫，就被打得落花流水，死伤了三分之一。当时，汝南太守满宠做了曹仁的参谋，他认为云长是个虎将，足智多谋。不可轻易出去跟他交战。他老远地发兵来，就希望快点作战，日子一长，不但粮草供应不上，还会面临东吴孙权的威胁。曹仁就决定只守不战，准备跟关羽耗下去。

　　关羽久攻不下，于是带着十几个军兵，登高观察地形。只见樊城上曹军的旗号不整，军士慌乱；再看于禁营寨，建于山谷之内，四外一望，就想到了一条妙计。

　　关羽和随从回到营寨，就吩咐将士们赶紧准备大小船只和木筏子。关平问其中的缘故，关羽料想现时正是八月雨季，不日将会有暴雨降临。那襄江

关羽　字云长，河东解良（今山西运城）人。三国时期蜀国名将。死后被人奉为关圣帝君，尊称为"关公"。后又被统治者崇为"武圣"。

之水汹涌湍急，于禁兵营却扎在山谷之中。大雨会使江水上涨，如果事先堵住各处水口，待水发之时，乘高就势，放水淹他营寨和樊城，会用到战船。关平对此十分佩服。

果然，大雨倾盆而下，连日不止。曹军督将成何告诉于禁，大军屯于川口，地势低洼，若秋雨连绵，会很不利，听说荆州人马都已引往高处，还准备战船，如果江水上涨，会很危险，他劝于禁早作安排。于禁却不以为然，成何又去见庞德，庞德认为有理，打算第二天换地方驻扎。

当夜，风雨大作。庞德坐在帐中，只听帐外水声如万马奔腾，战鼓震地，不禁大惊，急出帐上马来看，四面八方，全是白茫茫的大水，曹营七军大乱，士兵们随波逐流，漂走的不计其数。于禁、庞德与诸将急忙攀上小山避水。直到天亮暴风雨越来越猛，七军都给淹没，大水涨到了樊城的半腰。曹仁、满宠他们早已爬到城门楼上去了。

关羽、关平、周仓坐着大船，别的将士们划着小船，摇旗呐喊着，冲了过来。于禁见四下无路，左右只有五六十人，料定自己难以脱逃，宣告投降，被押在大船里，关羽又去擒拿庞德。

庞德、董超、董衡带着几百名士兵躲在河堤上避水。关羽的大船过来，命战船四面围住，军士一齐放箭，射死魏兵大半。庞德杀死了两个主张投降的部将，使全军士气大振。魏兵奋力抵抗，从天亮战到中午。督将成何被关羽一箭射落水中。庞德夺下附近的一只小船，砍死船上的蜀兵，急往樊城划去。关羽身边的周仓见了，跳入水中，掀翻小船，生擒庞德。

关羽率众回到山高处的营寨，升帐而坐，把乞请饶命的于禁，押赴荆州大牢。又命人将庞德押上帐来，庞德不肯下跪。关羽用他的哥哥庞柔来劝降庞德；又用马超在蜀中做了大将，封了侯和允诺庞德做将军来劝庞德，庞德宁死不降，被推出去斩了。关羽率军兵乘水势未退，上战船直奔樊城。

关羽巧妙地利用特殊地形，制定相对应的取胜策略，出奇制胜，获得了绝对的胜利。

十三 用间篇

【提要】

本篇专题论述在战争中如何运用间谍的问题。文中首先从战略大局角度,阐述用间的意义,指出是否能不吝惜爵禄财物使用间谍,是一个对国家、对民众百姓、对战争胜败负责的重大原则问题,是衡量统军将领是否具有仁爱之心,是否懂得用人,是否配做国家辅佐,是否能成为战争胜利的主宰的重要尺度。

进而提出间谍可分为"乡间""内间""反间""死间""生间"等5种,分析各种间谍活动的特点和作用。突出强调"反间"的作用。认为"五间之事,主必知之"而"知之必在于反间"。进而认为,殷商代夏,西周代殷,在一定上意义是由于使用了伊尹、姜尚这样的"上智"之人作为"间者",才能取得最大的成功。因此,用间便成为"兵之要",也成为事实上一切军事行动的重要根据。

【原文】

孙子曰:凡兴师十万,出征千里,百姓之费[1],公家之奉[2],日费千金;内外骚动[3],怠于道路[4],不得操事者[5],七十万家[6]。相守数年[7],以争一日之胜,而爱爵禄百金[8],不知敌之情者,不仁之至也,非人之将也[9],非主之佐也,非胜之主也[10]。故明君贤将,所以动而胜人[11],成功出于众者,先知也[12]。先知者,不可取于鬼神[13],不可象于事[14],不可验于度[15],必取于人,知敌之情者也。

【注释】

〔1〕百姓之费:百姓,民众百姓。费,耗费。百姓之费:民众百姓的耗费。

〔2〕公家之奉:公家,国家、政府。奉,供奉。公家之奉:国家开支的费用。

〔3〕内外骚动:内外,里里外外。骚动,骚动不安。内外骚动:这里是指全国上上下下,每家每户里里外外骚动不安。

〔4〕怠于道路:怠,倦怠、疲劳。怠于道路:这里是指老百姓因长途辗转运输军用物资疲劳不堪。

〔5〕操事:操,操持。操事:这里是指操持农事。

〔6〕七十万家:按曹操、李筌注:古代制度是,一家从军,需要七家负担运输军

粮等各种劳役。因此，出兵十万，便有七十万家不能正常操持家事。

〔7〕相守数年：相守，这里是指，与敌军对峙。相守数年：这里是指与敌军对峙数年。

〔8〕爱爵禄百金：爱，爱惜。这里是指吝惜。爵禄：官位与俸禄。百金，这里泛指钱财。爱爵禄百金：这里的意思是指，吝惜赏给人们以官位、俸禄和钱财。

〔9〕非人之将也：人，这里是指用人。非人之将：这里是指不懂得用人的将领。

〔10〕非胜之主：胜，战胜、打胜仗。主，主宰。非胜之主：不是能主宰打胜仗的人。

〔11〕所以动而胜人：动，行动。这里是指打仗的军事行动。胜人，战胜敌人。所以动而胜人：之所以每次打仗都能战胜敌人。

〔12〕先知：先，预先。先知：预先知道、预先掌握。

〔13〕不可取于鬼神：取，取得、获取。鬼神，这里是指相信鬼神的迷信活动。不可取于鬼神：这里的意思是指，不能从相信鬼神的迷信活动中了解到敌情。

〔14〕不可象于事：象，比象、比推、类比。事，事情。不可象于事：这里的意思是指，不可用相同事物的类比去推想出敌情。

〔15〕不可验于度：验，检验。度，计度。不可验于度：这里的意思是指，不可以用主观机械的计度去检验所获得的敌情是否准确。

【译文】

孙子说：大凡兴兵十万，远征千里，民众百姓的耗费，国家开支的费用，每天平均需要花费千金之巨！全国上上下下，里里外外，都会因之而骚动不安；百姓们还要为长途辗转运输军用物资而疲劳不堪，以致不能正常操持农事的达七十余万家之多，如此两军对峙数年，为的是争求一朝的胜利。所以，那些吝惜爵禄钱财，不愿通过用间以确知敌情，终于打了败仗的人，实在是太没有仁爱之心了。这样的人是不懂得善于用人的将领，他们不配做国家的辅佐，也不能成为打胜仗的主宰。英明的君主和贤能的主将，他们之所以能每战必胜，取得超乎常人的成功，就在于他们能预先掌握敌情。而要预先掌握敌情，决不能依靠迷信鬼神的启示，也不能依靠对某些相似事物的类比推想，更不可以用主观机械的计度去检验所获得的敌情是否准确，而必须依靠深知敌情的人。

【原文】

故用间有五[1]：有乡间，有内间，有反间，有死间，有生间。五间俱起，莫知其道[2]，是谓"神纪"[3]，人君之宝也[4]。乡间者，因其乡人而用之[5]。内间者，因其官人而用之[6]。反间者，因其敌间而用之[7]。死间者，为诳事于外[8]，令吾间知之，而传于敌间也。生间者，反报也[9]。

【注释】

〔1〕间：这里是指间谍。

〔2〕莫知其道：其，指示代词。这里是指泄露军事机密的事情。道，道路、途径。莫知其道：这里的意思是说，不知道究竟是怎样泄露了军事机密的。

〔3〕神纪：神，神妙莫测。纪，纲纪。神纪：神妙莫测的纲纪。这里的意思是指，一种能使人感到神妙莫测的法则或诀窍。

〔4〕人君之宝：宝，法宝。人君之宝：这里的意思是指君主在战争中，用以克敌制胜的法宝。

〔5〕因其乡人而用之：因，依靠、利用。乡人，这里是指敌乡之人，包括身居敌国的老同事，老同乡。因其乡人而用之：这里的意思是指，利用敌乡的人做我方的间谍。

〔6〕因其官人而用之：官人，按杜佑、李筌、杜牧等人说，是指敌方的官吏（诸如贪财好色的官吏，特别是那些失去职务、受过刑罚的官吏和他们的子孙）。因其官人而用之：意思是说，利用敌方为官者或他们的子孙做我方的间谍。

〔7〕因其敌间而用之：敌间，敌方的间谍。因其敌间而用之：意思是说，收买利用敌方的间谍做我方的间谍。

〔8〕为诳事于外：诳，欺骗、造谣。为诳事于外：在外面散布谣言或虚假情报。

〔9〕反报：反，返回。反报：回来报告。这里是指回来报告敌情。

【译文】

所以，使用间谍的方法有五种：有"乡间"，有"内间"，有"反间"，有"死间"，有"生间"。五种间谍活动一起进行，敌人就不能知道，究竟是从哪里泄露了军事机密。这就是所谓"神纪"，是一种能令人感到神妙莫测的克敌制胜法则，也是人君克敌制胜的法宝。所谓"乡间"，是利用敌乡的人，包括老同事、老同乡做我方的间谍。所谓"内间"，是利用敌国的官吏（贪财好色的，特别是被罢黜的或受过刑罚的官吏以及他们的子孙）做我方的间谍。所谓"反间"，是利用敌方的间谍做我方的间谍。所谓"死间"，是指故意在外面散布谣言,并通过我方间谍使敌方间谍上当受骗,一旦真情败露,我方间谍就难免一死。所谓"生间",是指能活着回来报告敌情的间谍。

【原文】

故三军之事,莫亲于间[1],赏莫厚于间[2],事莫密于间[3]。非圣贤不能用间[4],非仁义不能使间[5],非微妙不能得间之实[6]。微哉微哉[7]!无所不用间也。间事未发[8]而先闻者,间与所告者皆死[9]。

【注释】

〔1〕莫亲于间:亲,亲爱、亲信。莫亲于间:没有比间谍更应成为亲信了。

〔2〕赏莫厚于间:赏,奖赏。厚,丰厚。赏莫厚于间:没有比间谍更应得到丰厚的奖赏了。

〔3〕事莫密于间:密,机密、保密。事莫密于间:没有比间谍的事更机密的了。

〔4〕非圣贤不能用间:圣贤,极高的智慧,这里是指,具有极高的智慧有人。非圣贤不能用间:不是具有极高智慧的人是不能使用间谍的。

〔5〕非仁义不能使间:仁义,这里是指仁义之心。非仁义不能使间:不是具有仁义之心是不能使用间谍的。

〔6〕非微妙不能得间之实:微妙,精微巧妙。这里是指用心处事精微巧妙。实,这里是指的实情。非微妙不能得间之实:不是用心处事非常精微巧妙,是不能从间谍那里获得真实敌情的。

〔7〕微哉:微,微妙。微哉,微妙呀!

〔8〕间事未发:间事,用间之事。发,出发。开始进行。间事未发:用间之事还没有开始进行。

〔9〕间与所告者皆死:间,间谍。所告者,指告知间事的人。间与所告者皆死:间谍和告知用间之事的人都要处死。

【译文】

所以,作为主将,在军队中最亲信的人莫过于间谍,给予奖赏的丰厚也莫过于间谍,能够交代最机密事情的也莫过于间谍。不是具有极高的智慧与才能的人是不能运用间谍的,不是具有仁义之心的人也是不能使用间谍的,不是用心处事十分精细的人更是不能获得间谍的真实情报的。微妙呀!微妙呀!简直没有什么地方不可以使用间谍。如果用间谍的事还没有开始进行,就有人来告知这件事,就应将间谍和这个告发的人一同处死。

【原文】

凡军之所欲击，城之所欲攻，人之所欲杀，必先知其守将、左右、谒者、门者、舍人之姓名[1]，令吾间必索知之。

【注释】

〔1〕必先知其守将、左右、谒者、门者、舍人之姓名：守将，这里是指主将。左右，指主将的幕僚、秘书、参谋等亲近人员。谒者，负责通报和传令的官吏。门者，卫士。舍人，室内勤务人员。必先知其守将、左右、谒者、门者、舍人之姓名：必须先探知敌方主将以及他的幕僚亲信、负责通报和传令的官吏、卫士以及勤务人员的姓名。

【译文】

大凡我方想要攻击的敌军，想要攻取的城市，以及想要诛杀的敌方人员，都应事先了解敌军守将及其幕僚亲信、负责通报和传令的官吏、卫士乃至内室勤务人员的姓名，要命令我方间谍人员务必把这些情况侦察清楚。

【原文】

必索敌人之间来间我者[1]，因而利之[2]，导而舍之[3]，故反间可得而用也。因是而知之[4]，故乡间、内间可得而使也。因是而知之，故死间为诳事，可使告敌。因是而知之，故生间可使如期[5]。五间之事，主必知之，知之必在于反间[6]，故反间不可不厚也。

【注释】

〔1〕必索敌人之间来间我者：此句前一个"间"字是名词，指间谍。后一个"间"字是动词，是间谍活动。必索敌人之间来间我者：意思是说，一定要搜索到敌方派到我方从事间谍活动的人。

〔2〕因而利之：按杜佑注，因而利之是指给以重金收买。

〔3〕导而舍之：导，开导。舍，同舍，引申为放走。导而舍之：这里的意思是说，对被我方搜索到的敌方间谍经过开导后，交予任务，将其放走。

〔4〕因是而知之：因，从。是，这里是指反间提供的情报。因是而知之：这里的意思是说，从反间提供的情报而知道军事机密。

〔5〕生间可使如期：生间，能活着回来报告敌情的间谍。如期，按期。生间可使如期：生间可以使他们按期回来报告敌情。

〔6〕知之必在于反间：知之，这里是指，了解五种间谍活动的情况。反间，按李筌注，反间有两种：一种是收买敌方的间谍，一种则是对敌方派来探听虚实的人，假装不知，并给予假情报让其带回，使敌方上当。知之必在于反间：这里的意思是说，要掌握五种间谍活动的情况，都可依靠反间的作用。

【译文】

必须搜索出敌方派来的间谍，并且用金钱收买他们，还要对他们加以开导，然后交给他们任务，放他们回去，这样就可以利用"反间"了。依据"反间"提供的情报，便可以使用"乡间"和"内间"，同样根据"反间"提供的情报，也可以让"死间"制造虚假情报，以"反间"形式告诉敌方，使他们上当受骗。同样，根据"反间"提供的情况，也可以使"生间"能如期回来报告敌情。总之，五种间谍活动情况，君主都应该知道，而关键又在于通过"反间"了解这些情况。因此，对于"反间"的赏赐便不能不更为优厚了。

【原文】

昔殷之兴也〔1〕，伊挚在夏〔2〕；周之兴也，吕牙在殷〔3〕。故惟明君贤将，能以上智为间者〔4〕，必成大功。此兵之要，三军之所恃而动也。

【注释】

〔1〕殷之兴也：殷，指殷商。兴，兴起。殷之兴也：殷商的兴起。

〔2〕伊挚在夏：伊挚，即伊尹，原为夏桀的大臣，以后归附商汤为相，在灭夏的过程中，伊尹发挥了很大的作用。

〔3〕吕牙在殷：吕牙，即姜尚，又名姜子牙，原是商纣时期的隐士，后归附周文王。武王伐纣，尊姜尚为"师"。

〔4〕以上智为间者：上智，高超的智慧。这里是指具有高超智慧的人。以上智为间者：用智慧高超的人做间谍。

【译文】

从前，殷商兴起，而殷商的相国伊尹本来是在夏朝为官；西周兴起，而西周的太师姜尚本来却是商朝的隐士（由于他们最了解情况，所以他们分别在商汤放桀和武王伐纣的过程中起了重要作用）。所以，英明的君主和贤能的将领能够使用有很高智慧与才能的人为间谍，就必定会取得极大的成功。这是用兵的要领，也就是说，三军都要依据间谍提供的情报来决定自己的行动。

【战例】

石勒用间胜王浚

东汉以来，我国北方的各少数民族便逐渐向长城以内迁徙。到了西晋时期，这些少数民族贵族已与汉族人民生活在一起，许多少数民族贵族深受汉族文化的影响，不同程度地走上了封建化道路。西晋统治集团建立在剥削与压榨人民基础上的腐蚀统治，激化了当时的阶级矛盾与民族矛盾。随后不久爆发的"八王之乱"，使得汉族与少数民族人民的生活更加处于水深火热之中，人民纷纷起来反抗西晋政权的统治。这一时期，四川爆发了流民暴动。流民起义的队伍在304年占领了成都；北方一些少数民族的首领这时也趁着西晋政权的摇摇欲坠而起兵反晋。匈奴贵族刘渊便是在流民占领成都的同年起兵的。当时他已自立为汉王，集结军队，立志要创立如冒顿单于一般的事业。与他几乎同时起兵的还有汉人王弥、羯人石勒。他们共同推奉刘渊为主，给西晋统治者以有力的打击；同时，他们也各自拥有自己的割据势力，想在打败晋军的同时，发展自己的势力，以便有朝一日取代西晋王朝的统治。他们当中的石勒后来吞并了王弥，战胜了拥兵幽州的西晋大臣王浚，摆脱了刘氏集团自立为赵王（历史上称为后赵），成为中国北方出现的十多个少数民族政权之一（即历史上"十六国"之一）。石勒用间智取王浚发生在他自立赵王之前。

石勒字世龙，羯族人，其家族世为部落小帅；到石勒这一代，部落小帅已无什么待遇可言。为了生活，石勒给商人与地主当过田客。后被西晋并州刺史司马腾捉住并送到冀州贩卖到一个叫师欢的地主家里当耕奴。师欢见这个二十几岁的胡人相貌不俗，善于骑射，又勇敢有谋，怕他鼓动其他耕奴造反，就把他放了。石勒离开师欢家，投奔了晋朝廷养马地——马牧的小头目汲桑，并在茌平县一带组成"十八骑"。他们常常出入于专门繁殖名马赤龙、騏驥的场地，到远处抢掠珍宝，拿回来贿赂汲桑。

当成都王司马颖挟持晋惠帝失败被废后，他的部将公师藩等起兵赵、魏，要为司马颖报仇。石勒和汲桑就率人骑马场马匹数百骑前往响应。公师藩攻打邺城失败被杀，石勒与汲桑逃回马牧。他们在马牧劫掠郡县，释放囚犯，集山泽亡命之徒，其势力得到扩充。石勒、汲桑在一次战斗中失败，汲桑被晋军杀死，于是石勒带领自己的队伍投奔已在左国城称汉王的刘渊。

石勒投奔刘渊后，在三四年时间内东征西讨，攻城夺地，为汉国立下汗马功劳，成为维护汉国统治的一支劲旅。石勒的势力也在征战中不断发展、扩大。311年，投奔刘渊的王弥在其势力得到扩大后，密谋要杀掉石勒，想吞并他的势力。石勒知道后，设计杀掉王弥，合并了他的全部人马。随着实力的不断增加，石勒称王的野心渐起。但是他表面上仍然遵从汉主，同时在他的统治范围中实行优待汉族地主及汉族知识分子的政策，把一批富有统治经验的汉族地主及汉族知识分子吸收到自己麾下。他的军师张宾就是其中之一，为石勒建立"后赵"政权起了极重要的作用。

石勒火并王弥后，将攻击目标转向了西晋幽州刺史王浚。王浚在与石勒交战失败后，曾求助于鲜卑、乌桓人，但鲜卑、乌桓人没有响应。这时，军师张宾分析了王浚兵势衰弱的境况，指出如果石勒现在表示归顺王浚，那么他一定会喜出望外。因此，张宾建议石勒智取王浚，而不要硬战。张宾要石勒写一封词语谦恭的信，表示与他和好的诚意，并愿意隶属他，扶助他当皇帝。等到王浚对石勒疏于防备时，再乘其麻痹一举消灭他的势力。石勒同意了他的建议，并且马上开始依计行事。

石勒派他的门客王子春、董肇等人带书信和许多珍宝，去见王浚。石勒在信中推崇王浚为天子，而自己只是一无名小卒，"我所以投身于兴义兵除暴乱的事业，正是要为您扫除障碍。所以诚心希望您顺应天意民心，登基称帝。我石勒崇敬拥戴您就像对自己的父母一样，您也应明察我的诚意苦心，将我像儿子一样看待。"在给王浚上书献宝的同时，石勒还要王子春以重金笼络了王浚的心腹枣高。王浚见石勒归顺于他十分高兴，把王子春等人封为列侯，并派使者以地方特产答谢他。王浚的司马游统阴谋判变王浚，派使者骑马向石勒请降，石勒杀了使者，并送给王浚，以此表示自己的诚实无欺。王浚此时便更加信任石勒，不再存有什么疑心。

不久，王子春等人与王浚的使者一同回来，石勒下令隐藏起强壮的精兵和武器，显示出仓库空虚而军队软弱的样子，面向北拜见王浚的使者，接受王浚的书信。王浚送给石勒佛尘，石勒装做不敢拿，把它挂在墙上，每天早、晚都要敬拜这佛尘。石勒还派董肇向王浚上书，约定日期亲自到幽州去奉上皇帝的尊号。王浚的使者回到幽州，就其所见陈述了石勒将寡兵弱和对王浚诚心不二的情况。王浚大喜，认为他确是可信任的。

石勒见王浚已相信了自己，便开始准备袭击王浚。他先叫回王子春，打听幽州的情况。子春说："幽州自从去年遭到了大水灾后，人民吃不到一粒粮食，而王浚却把百万粮食屯聚在仓里，不用来救济百姓。他的刑罚政治又极为苛刻残酷，对百姓征设纳赋十分频繁，残害贤臣良将，诛杀排斥进谏的谋士，下属固不能忍受，逃亡叛变的很多。鲜卑、乌桓人在外与他离心离德，枣高、田矫在内贪婪横暴，人心忧惧而动摇，军队虚弱而疲惫，而王浚却还要高筑台阁，排列百官，大言不惭地说汉高祖、魏武帝都不足与他并论。"石勒听王子春谈的幽州饥荒贫困，王浚众叛亲离的情况，决定发兵袭击幽州。但他又怕并州刺史刘琨从背后袭击他。于是他与张宾商量如何应付刘琨。张宾建议利用刘琨与王浚的矛盾，写信与刘琨讲和，请求刘琨允许他以讨伐王浚来将功补过。石勒按张宾所说，办妥了这件事，稳定了刘琨，解除了后患。

314年，石勒发兵袭击幽州。石勒率领轻骑兵日夜兼程向幽州进发。石勒军到达易水时，王浚的督护孙纬立即派人给王浚送消息，请求准备抵抗。王浚对他们说："石公到这儿来，正是要拥戴我当皇帝的，谁再说抗击的话，立刻杀头！"于是王浚设筵等待石勒的到来。石勒在早晨赶到蓟县，喝叱守城的人开门。石勒因怀疑城内有埋伏，就先驱赶几千头牛羊，声称是献给王浚的礼品，实际上是堵塞街巷，使王浚的军队不能出战。王浚这时才意识到大势不好，开始坐卧不宁了。石勒派手下抓住了王浚，将他送回襄国（石勒的都城，在今河北省邢台西南） 杀死。石勒占据了幽州，吞并了王浚的军队，为不久以后自立为赵王奠定了基础。石勒吞并王浚的过程，实际上也就是连续用间的过程。石勒的门客王子春作为间谍，被石勒派往王浚营中，一方面投书结好王浚，一方面侦察王浚在幽州的政治、军事情况；石勒还以重金笼络、收买了王浚的心腹枣高。枣高作为石勒的内间，巩固了王浚对石勒的信任，使王浚对石勒的归顺更加深信不疑；石勒在王浚使者来访时，制造了一些假象让使者回去报告王浚。由于石勒较成功地连续用间，使得王浚完全陷入了错误的认识与判断之中。石勒则因用间而比较全面地掌握了敌军的情况。把握战机，为他最后的出奇制胜奠定了基础。从石勒战胜王浚的史实中可见，孙子所说的用间的重要性、要领以及方法，石勒都能熟练掌握并灵活运用于战争的实践之中。正因为如此，石勒才取得了幽州之战的胜利。

陈平施行反间计

公元前204年（汉高帝三年），楚霸王项羽领兵进逼荥阳城下，气势汹汹，锐不可挡。汉王刘邦命令大小诸将闭城固守，不许出战，自己则在军营中静坐默筹退兵之策。这时，正遇陈平前来禀报军情。汉王便问陈平道：当今天下纷纷，究竟何时得了呀！陈平回答说：大王所虑，无非是为着项王吧！我料想项王麾下，不过范增、钟离昧等数人愿意忠心为他效力。大王如不惜用重金贿通楚人进行流言反间，使他们君臣之间相互猜疑，然后再乘隙进攻，便不难破楚了。汉王说：金钱何足惜，只要能挫败楚军气焰，便一切都可安心了。说罢命令左右取出四万斤黄金交与陈平处置。陈平领到这笔黄金后，从中提出数成交给自己的心腹小校，要他们装扮成楚军模样，混进楚营中，买通项王左右的人去四处散布谣言。俗话说：钱能通神。果然有了黄金，便没有什么事不能办到。大约过了两三天，楚军中便纷纷传出一则流言，说是楚将钟离昧功多赏少，不得分封，将要联汉灭楚，项王生性好猜疑，听到流言，便起了疑心，竟把钟离昧视为异己，不再信任。不过，这时对亚父范增的态度还依然如故。范增请求项羽速速攻下荥阳，休叫汉王逃走。项王便督催将士将荥阳紧紧围住，四面猛扑，一些儿也不放松。

汉王刘邦惟恐荥阳难以守住，便暂且派遣使者向项王请和，愿意以荥阳为界，东面属楚，西面属汉。项羽不愿答应，但也派了一名使者去汉营回话，同时也借此机会探听汉军虚实。谁知这下竟被陈平瞅准机会，设下圈套，好教楚使一时着迷，堕入计中哩！原来，楚使毫无提防，便贸然进入汉营，入营后，先向汉王陈述项王旨意，无非是表示不允和议，如此等等。

汉王则按照陈平安排，假装酒醉，只模模糊糊回答了楚使几句话便打起鼾来了。楚使见汉王醉酒，不便多言，便由陈平陪着回到馆舍。随即，陈平又吩咐馆舍人员准备午宴，款待使者，说完这些便走开了。楚使独自一个坐在那里，但见一班仆役，抬进牛羊鸡豚、美酒佳酿向厨房走去，心想：莫非今日汉王格外优待，要待我以"太牢"之宴哩！想到这里，心里美滋滋的，很是高兴。不一会儿，只见陈平又进来

铜奔马　东汉晚期青铜艺术品，俗称"马踏飞燕"。高34.5厘米，长45厘米，宽10.1厘米。1969年出土于甘肃省武威市雷台汉墓。现藏于甘肃省博物馆。

了，并且主动与楚使攀谈起来。陈平问起亚父范增的起居情况，还问是否带来有手书。楚使回答说：我是奉项王之命为和议而来，并非受亚父范增的派遣。陈平听了故意吃惊道：您原来是项王的使者啊！说着就走开了。不一会，见到有一人匆匆跑进厨房，指使人们把原来准备作"太牢"之宴用的酒肴尽行撤去，还听到这人私下对厨房的人说：这位使者不是亚父范增派来的，不配享受"太牢"之宴！楚使听到这话更是感到惊讶！他独自坐在那里，好久也不见一点儿动静，直到日影西斜，已经是饥肠辘辘了，才见有一两个人搬来酒饭放在桌上，楚使用眼瞄了一下，见到都是些蔬食菜羹，一点儿荤腥也没有。本待拒绝不吃，却又实在饥饿难挨，只得将就吃了一点，谁料菜蔬中还带着一股臭气，酒也是酸的，饭也是烂的，他越看越恼，当即放下碗筷，便大步走出馆舍，只与门卫说了声告辞就一口气跑回楚营，绘声绘色地把这一切禀报给项王，还特别提到亚父范增"私通"汉王的事，请项王小心提防。项王听到使者这番描述，禁不住怒形于色，骂道："此事我曾早有所闻，只以为他为人忠厚，老成可靠，不便轻信人言，岂知他果有通敌之事！这老匹夫，想是活得不耐烦了！"说着便要范增叫来当面诘问，还是身边的人再三劝阻，才暂时忍耐住。

且说亚父范增对项王生疑动怒的事全然不知，一心想的只是如何劝促项王设法灭汉；看到项王为了和议又把攻城的事松懈下来，心里更是暗暗着急，于是又去晋见项王，请求督励将士，加紧攻下荥阳。说话间不无急责之意。范增对项羽说道："古人云，当断不断，反受其乱。前次鸿门宴时，我曾劝大王除掉刘邦，您未能相信，以致养成今日的祸患。现在又是天赐良机，如再不作决断，再次纵虎归山，那时后果就很难设想呀！"项羽听到范增在指责他，忍不住气上心头，连愤带讯地说道："你要我攻荥阳，我并非不想，只怕是荥阳当未攻下，我的性命就要被你送掉了。"范增听了这话，一时摸不着头脑，只呆呆地望着项王。忽然想到项王平日从没有讲过这样的重话，定是近来又听信了一些谣言，便连我这样忠心耿耿的人也怀疑起来了，真是令人寒心。心里忍耐不下便对项羽大声说道："如今天下大势已定，愿大王好自为之，不要中了敌人的奸计，我已年老，请允许我引退吧！"说罢这些话便头也不回就走出去了，随即又把项王授给他的历阳侯印绶派人送还给项王，自己则草草打点行装回了老家。项羽自从中了陈平的反间计，失去了范增这样的智勇双全的重要辅佐，他的争霸事业便开始走了下坡路。